# トランスナショナリズムと社会のイノベーション

## 越境する国際社会学とコスモポリタン的志向

西原和久

国際社会学ブックレット　3

東信堂

## 「国際社会学ブックレット」刊行趣旨

21世紀の今日、グローバル社会化は確実に進展してきている。ドイツの社会学者、ウルリッヒ・ベックが述べたように、「個々人の人生はすでに世界社会に対して開かれて」おり、「さらに世界社会は、個々人の人生の一部である」にもかかわらず、「政府は（依然として）国民国家の枠組みのなかで行為する」状況が続いている（U.ベック『危険社会』）。

これまで社会学は実証性を求めて社会研究をおこなってきた。だが、ベックの言葉を再度借用すれば、それは「過去の忠実な再現でしかない」し、そうした「伝統的な学問による検討だけでは古い思想の殻を打ち破ることはできない」。いま求められるのは、「未だなお支配的である過去と対照することにより、今日すでにその輪郭をみせている未来を視野の内に据えることを追求する」ことではないだろうか。

ここに、国際社会学ブックレットと銘打ったシリーズの小冊子を刊行する。その狙いは、国家のなかの社会だけを研究する「方法論的ナショナリズム」を乗り越えながら、グローバルな視野で未来を展望することである。各冊子の著者たちは、国際社会の現状をふまえて、それぞれの思いで未来への展望を語るであろう。それは「今日すでにその輪郭をみせている未来を視野の内に据える」試みである。

単に狭い意味での社会学だけでなく、世界における、戦争と平和の問題、格差と差別の問題、そして地球環境問題などを含めて、このブックレットのシリーズが、読者諸氏の思索の一助となり、読書会や研究会、あるいはゼミなどでの議論の素材を提供できれば、それは望外の喜びである。

東信堂・国際社会学ブックレット企画刊行委員会
代表　西原和久・下田勝司

トランスナショナリズムと社会のイノベーション／目次

国際社会学ブックレット　3

# トランスナショナリズムと社会のイノベーション

## ――越境する国際社会学とコスモポリタン的志向――

# プロローグ

## 一　ホモ・モビリス――移動と越境という隠れたテーマ

社会を考えることは人間を考えることだ、と言われています。社会を考えようとすると、どうしても「人間とは何か」という問いと深く関わることになります。この「人間とは何か」という問いは、これまでにも多くの先人がさまざまな規定を与えてきました。「ホモ・エレクトス」（直立歩行する人間）、「ホモ・ファーベル」（工作する人間）、「ホモ・サピエンス」（知性をもった人間）、さらに「ホモ・ルーデンス」（遊びをする人間）、「ホモ・ロクエンス」（言葉をもつ人間）などといった規定です。あるいは哲学者たちが述べてきたような、「人間は社会的（ポリス的）動物である」（古代ギリシャのアリストテレス）や、「人間は考える葦である」（近代の思想家パスカル）といった言葉を思いつくかもしれません。古代中国でも儒家や老荘思想家などが、さまざまに人間および人間社会について、その生き方を含めて論じてきました。「五倫五常」や「無為自然」、あるいは「性善説」や「性悪説」などは、いまでも人びとの話題にのぼります。

さて、「トランスナショナリズムと社会のイノベーション」を論じるこの小著では、こうした前提となるような人間観は、次のように表現できます。すなわち、人間は「ホモ・モビリス（Homo mobilis）」＝「移動する人」である、と。ただし、「移動」とは本来、空間的移動だけでなく、時間的移動や社会的移動をも含みます。「移動」とは、文字通り、「動いて移る」ことです。そうすると、まず「どこから、どこへ」という方向性の問いも生じるでしょう。この問いには、さらに重要な問いが含まれています。「どこ」という場所の問題です。人は、生きている以上、「どこ」かで生活しなければなりません。生きる場、です。つまり「移動」には、元いた場所、移動という行為、そして移動先の場所、という最低限三つの空間的要素があります。

さらに、この要素には以下のような、あと二つ忘れてはならない重要な点が加わります。すなわち、移動は、空間だけでなく、時間的な移動でもあります。これは当たり前だと思うかもしれませんが、結構、重要なことです。なぜ重要かは、現代社会における人や物の移動、情報や文化の移動などを考えてみるとすぐに分ります。グローバル化は、時間の短縮と表裏一体です。

そして最後に、人は一人では生きられない、あるいは人は一人で生きているわけではない、という点です。人をまったく寄せ付けない山奥で暮らす中国の仙人のような存在は別として（言葉を話す以上、本当は仙人でも他者と関係してきているのですが）、フツーの人びとは、自分以外の人（＝他者）と何らかの関係を持ちながら生活しています。こうした、他者たちと交わりながら生を営むあり方を、広い意味で「社会的」（social）と表現できます。ソシアル・ダンス＝社交ダンス、という際の「社会的な交わり」の側面です。さらに、この他者たちとの関係に着目した「社会」を念頭におくと、平社員が二〇年後に社長になったとか、Aさんがリーダーに選ばれたなどといった例は、「社会移動」ということができるでしょう。若い頃、家族は貧乏だったが、いまは事業に成功して富裕な階層の仲間入りをしたなどというのは、「階層移動」

という社会移動の一つだといえます。いずれにせよ、人は他者との関係のなかで移動しながら生を営むのです。

要するに、「移動」には、場所性をもつ「空間的移動」だけでなく、時間性をともなう「時間的移動」、他者性にかかわる「社会的移動」などがあるということができるでしょう。

本書では、こうした「移動」を隠れたテーマとする「移動の社会学」が前提となっています。その典型的な例が「移民」という現象です。一般に移民を、ある国や地域を出て、他の国や地域で生活する人びと、「越境する人びと」のことを指すとすると、国家や国境を越えていくということが重要な点となります。それは英語では、transnationalと形容します。ナショナル＝国家・国民・民族的なものを、トランス＝超越する、ということです。ただし、ここにはさまざまな含意がありますので、「トランスナショナル」とカタカナ書きにしておきたいと思います（もう少し立ち入った話は後で展開します）。

本書は、このような「トランスナショナル」な移動に着目して、社会の変化を論じるものです。そして、とりあえずここでは、社会の変化を「社会変動」(social change)や「社会変容」(social transformation)などといった外からの視点ではなく、つまり社会が変わるという受動的な面ではなく、社会を新たな価値の創造とともに、新たに作り上げていくという意味での能動的な面に着目する「社会創新」、つまり「社会イノベーション」という視点から見ていこうとするものです。この点に関しても、詳しくは後に述べることとしましょう。

「移動という隠れたテーマ」と書いてきましたが、まさに本書では現代の「ホモ・モビリス」が移動し、越境し、そして何かを超越することがポイントになります。いろいろな思いを込めて、本書『トランスナショナリズムと社会のイノベーション』の副題の一部に、「越境する国際社会学」という言葉を入れました。だがまだ、「国際社会学」を説明していない、などと批判しないでください。それについても徐々に論じていきます。いまはまず「トランスナショナルな移動＝越境」という主題について了解しておいてください。

では、もう少し、今度は自己紹介的な意味も兼ね、いくつかのエピソードも交えて「移動」や「越境」や「超越」の問題を考えていきましょう。

## 二　ある戦後史──団塊直後世代の家族史と個人史から

ここにAさんという「初老」の人がいます（初老とは本来は四〇代の異称ですが、今は平均寿命が伸びています。Aさんは年齢的には「前期高齢者」に片足を突っ込んでいる世代です）。戦後の一九四七年から四九年のいわゆる団塊の世代ではありませんが、その直後の生まれです。Aさんの父親は、もともと佐賀・鍋島藩の下級武士の家系で、維新後に佐世保に出て米屋を営んでいた家に生まれたようです。そして旧制の佐世保中学から、高校は弘前、大学は京都と旧制の学制の下で学び、いったん大阪で役人になった後、満州建国と同時にそこの役人になりました。他方、Aさんの母親は、佐賀の造り酒屋の家系の親が、日本の植民地となった朝鮮半島で歯医者を開業するために平壌に渡り、そこで生まれました。そして満州にいた父親と平壌にいた母親がお見合い結婚しました。

その後、Aさんの両親は、旧満州国の首都・新京（長春）に居を構え、その地でAさんの兄姉六人も生まれました（長姉は一九三五年生まれ。末の兄は一九四五年生まれです）。しかし敗戦です。Aさんの一家は、満州からの引揚者として日本に戻ってきました（そして戦後にAさんが東京で生まれました）。

さて、このようなAさんの家族史の話をしたのは、帝国日本という背景があるにせよ、戦前の日本は日・韓・満・蒙・漢といった多民族との「協調」（「五族協和」などと言われていました）を表向きは唱え、植民地という問題もありますが、人のトランスナショナルな移動は比較的活発であった点を確認したかったからです。戦前の人びとは、現在の日本の枠を越えて国外に多数が移動していたこと、そして国内(内地)でも戦前はトランスナショナルな「多文化社会」が形成されていたこと、さらにいえば、日本の単一民族神話は戦後に形成されたこと(小熊 一九九五、参照)、こうしたことを示唆しておきたかったのです。

この単一民族神話は、戦前は(日本に住んで一定の条件を満たせば)選挙権・被選挙権すらも与えられていた在日のコリアン(韓国・朝鮮系の人びとを今後もこう表現します)や中国系の人びとなどを、戦後は正式に「外国人」として法的に排除していったプロセスで形成されてきたものです。さらに見落とされがちな象徴的な具体例として、一九七二年の日中国交回復のことも書き加えたいのですが、この中華人民共和国とのこの国交回復は同時に、中華民国(台湾)との国交断絶をともなっておりました。そして、それまで日本に住んでいた台湾の人びとは、中国国籍か日本国籍か、さらには「無国籍」か、を選択せざるを得ませんでした。陳天璽さんの『無国籍』という台湾系の家族が歩んだ生活史を見事に描いた大変興味深い本もあります。

さらに、別の視点からも見てみましょう。戦後日本の高度成長期に、工業化のために必要となった労働力は、農村の若者たちの大都市への移動(集団就職)で補われました。したがって、戦後日本では、ある時期まで外国人労働力を必要としていませんでした。ですので、日本には米軍関係者を除けば、外国人がきわめて少ない社会となっていたのです。島国という地理的特徴などとともに、単一民族「神話」が信じられやすい状況が生じていたわけです。とはいえ、もともと、つまり大昔から「単一民族」であったというのも、もちろん「神話」でしょう。大陸から、南方から、さらには北方からも渡来したさまざまな人びとが融合して「日本」が形成されてきたわけですから。いわゆる縄文人と弥生人の差異もあります。また現代の日本にも、アイヌ系の人びとや沖縄の人びとも存在しています。いわゆるハーフの人もたくさんいます。日本は決して昔も今も一貫した単一民族国家ではありません。

こうした話をさらに広げるならば、そもそも現生人類(ホモ・サピエンス)は、約二〇万年前近くにアフリカ中央部で誕生し、その「グレート・マザー」から世界にその後広がっていったと現在では考えられています。つまり、現生人類は、一〇万年前を過ぎたころから動き始め、今でいうアラビア半島をへて、一部はヨーロッパへ、一部はインドを経てさらに東へ移動していったようです。現生人類は、その意味で初めから「ホモ・モビリス=移動する人」だったのです。

その「東進組」は、さらに東南アジアから南太平洋の島々へ、あるいは中国やシベリア方面に北進し(その一部がいくつかの経路で「日本」に到着したわけです)、さらに今でいうベーリング海をわたって、北米、中南米へと歩を進めたようです。もっとも、「今でいう」と但し書きをしたのは、当時は氷河期の最後で、日本も大陸と陸続き、ベーリング地方もユーラシア大陸とアメリカ大陸を実質上つないでいた陸地だったようです。また、地図上ではいったん北に向かった人びとが右折し、さらに南下して、約一万二千年頃までにはチリの南端まで達したように考えがちです(太平洋に面する南北アメリカの先住民は、もともとはアジア系とみられています)。しかしながら、地球儀を持ち出してみればすぐわかりますが、東南アジアや中国から北上する「移動」は、そのまま直進すると、北極付近を経て、南米の最南端にまでほぼ直線でいけます。地球は丸いのですから。その意味では、私たちの常識を形作っている二次元の「地図」上で形成されている常識(世界像)と、実際に人びとが体験したであろう「移動」の方向性とは、ずいぶんと差異があるように思われます。常識、社会通念には、常に疑ってかかる必要がありそうです。日本も島国ではなかったのです。大陸からマンモスも来ていたこともよく知られています。

さて、Aさんの話から、「移動」を軸に少し話題が広がってしまいましたので、話を元に戻しましょう。Aさん自身は、その家族が旧満州から引揚げてきて(「越境」移動です)、最終的に東京郊外に住むようになり、そこで生まれました。地元の小学校を出て、中学校へは「越境入学」で進学校の公立中学に入り、国立という名のへんてこな(?)都立高校を出ました。しかし彼が高校を卒業した年度に、東京大学は入学試験を中止しました。「一九六九年、東京大学の入学試験は中止された」という趣旨で書きはじめられる村上龍の小説『69』は、その時代の雰囲気をよく描いています。なぜでしょうか。もはや、半世紀近くも前の話になりますが、学生運動がピークに達し、学生に占拠されていた東大本郷キャンパスは荒れ果てて、時の佐藤栄作首相が入試中止を決定したのです（同じ年、東京教育大学も同様な理由で入試を中止しました。この大学は後に解体され、現在の筑波大学となっています）。

ところで、Aさんも高校時代には、この学生運動の「シンパ」（シンパシーを感じて賛同していた人という意味）で、（大学生ではなかったので）大学の外からですが、この運動にかかわった経験をもっています。ベトナム戦争反対運動への参加が契機です。思想的には実存主義、初期マルクスの疎外論、さらには反帝国主義・反スターリン主義といった言葉にも惹かれ、栗原登一著『世界革命』（三一新書）という本も熟読していました。しかし、その運動に少なからぬ問題点をも感じ、一年ほどでラディカルな運動からは離れていきました（その後、一九七二年には「連合赤軍事件」などが発生・発覚します）。そこでAさんは、「自立」を合言葉に「根本」から（英語の radical には「根本的」という意味があります）もういちど自己と社会を見直したいと考えて、学問を志すようになりました。

Aさんは、あらためて三年遅れて大学に入り、哲学と社会学を学び、マックス・ヴェーバーに関する卒論を書き、さらにそれを深めるべく大学院に進みました。そのころ、ヴェーバーの理解社会学やその行為論を哲学的に深めようとしていたアルフレッド・シュッツの著作に出会い、それ以来しばらくはシュッツ研究に没頭しました。……と、ここまで書いてくると、Aさんの正体を明らかにすべき段階にきました。それは、まぎれもなく筆者自身のことでした。ですから、ここからは主語を「筆者」にして、節も改めたいと思います。

## 三　社会学理論研究と多文化社会研究への視点

さて、筆者自身は、長いあいだシュッツの現象学的社会学を中心とする理論・学説の研究に力を入れてきました（例えば、巻末の文献リストの、西原編一九九一、西原一九九四、一九九八、などを参照してください）。とくに現象学的な社会理論研究が専門です（西原二〇〇三、二〇一〇、も参照してください）。

しかし、二一世紀に入ってから、とりわけ二〇〇二年に「多文化社会」となっていたイギリスのマンチェスター大学に在外研究に行ってから、「東アジア・移動・共生」に大いに関心をもつようになりました。紳士の国イギリスが多文化社会の典型的な国になっており、そしてそこでたくさんのアジア系の留学生にも出会ったからでもあります。筆者はそのとき、大勢の人びとがアジアから「西洋」に研究・勉強のため来ているのに、足下のアジアにはしっかりとした研究ネットワークがないことを悟りました。そこでアジアの研究者ネットワークを作りたいと考え、帰国後にまずアジアを毎月のように歩き始めました。そしてほぼ一五年。かなりのネットワークができ始めています。南京大学の兼職教授として数年間、南京に通い詰めた時期もありました。

さらに二〇一〇年前後から、筆者の関心はさらに広がり、現在は環太平洋を視野に入れたトランスナショナリズムの研究に集中しております（じつは現在、この原稿をハワイ大学社会学部の研究室で書いています。在外研究の地をハワイに定め、コスモポリタンなトランスナショナリズムの調査・研究に従事しております）。そして、社会学理論的には、この研究の最初のポイントは、一言でいえば、「国家内社会概念批判」と「方法論的トランスナショナリズム」（後で述べます）です（もう一つのポイントは「コスモポリタンなトランスナショナリズム」ですが、それも後述します）。そこで以下は、これらのポイントをめぐって話を進めていきます。ただし、その本論に入る前に、もう一つのエピソードを記させてください。それが本論への導入部となるからです。

筆者は二〇一四年の秋、前述の南京大学に一週間滞在し、三コマの講義と二コマのゼミ、そして週末の国際研究集会での報告をおこなってきました。この南京大学社会学院での三つの講義は、①「日本社会学の過去と現在」、②「グローカルな視点から人の移動を通してみる社会変動」、③「トランスナショナリズムを考える」、でした。学生の反応やその後の研究集会での討論を振り返りながら、いろいろ考えるところがありました。たとえば、中国での講演では多くの場合に感じることですが、トランスナショナリズムのうち、とくに国家を超えるという部分は、なかなか中国の人びとには理解してもらえないようです。現状を考えると当面は仕方がないなと思いながら、二〇一五年夏にも中国社会学会でトランスナショナリズムの話をしてきました。さすが、研究者たちは関心を示してくれますが、その関心を明確にして表現するのは難しいようです。ただ、二〇一五年秋に筆者が現在所属する大学で北京大学の先生を招聘してお話を伺ったときは、「中国社会の変容や発展を、中国国内からだけの視点で捉えず、グローバル化のなかで考えなければいけない」という報告の趣旨に対しては、非常に賛同するとともに、中国も一部は変わりつつあると思うようになりました。

さて、ここからは、少し専門的な話に入っていきましょう。前述の南京大学からの帰りの飛行機のなかで、筆者は次のような三つのNで始まる言葉がたいへん気になり始めました。その「三つのN」は、これからの議論の視点を示唆することになります。それは「Neutral」「Natural」「National」という言葉です。

まず、「Neutral」。いつも思うのですが、中国の社会学者の統計データを用いた学会報告は、ほとんどが価値判断を控えた（控えざるを得ない？）価値中立的なニュートラル（neutral）なものです。それが客観的な科学に必要なことはもちろん否定しませんが、ヴェーバーがいうように、科学とくに人文社会科学は、何のために学び・研究し、その成果を踏まえて何を目指すのか、そうした「価値」の問題がとても重要です。中国の社会学者は、残念ながらそうした価値の問題に深く入り込むことができません。そこで数字を中心に、neutral に研究せざるを得ないのでしょう。しかし、この状況は社会学的には問題です。じつは、「価値中立」などとして知られている「中立」というのも一つの価値判断です。政党の立ち位置を考えてみると、分りやすいでしょう。もちろん、この辺のことは、中国の社会学者も気づいているのですが、国情から必ずしも前面に出すことができません。ですから、筆者としては、個人のネットワークを中心に、粘り強く交流を重ねて議論し合っていく必要があると考えています。

次は、「Natural」です。社会科学にとって人びとの「自然な感情」を重視することはとても重要です。「世論」という側面もあります。それが歴史を動かしてきた一因であることも確かでしょう。ただし、「自然な」(natural)というのは、言葉のあや、でもあります。自然というのは、どこまでが「自然」で、どこからが「文化」なのか。自然な感情が「作られた感情」であることもあります。一時流行った「感情社会学」という社会学の一領域は、その点を指摘してきました。感情の社会性ないしは社会的形成という視点です。ただし、ここではこの点に深入りしないでおきましょう。「社会性」の捉え方にも、さまざまな位相があるからです。ここでは、「自然」な思い、きわめて「当たり前」=「自明」だけでは「常識」とあまり変わらない、という側面に着目しましょう。現象学的社会学者シュッツは、社会科学の課題は「自明性を問う」ことだと述べました(Schutz 1932 = 一九八二)。自明性を相対化し、距離をとって検討すること、これはとても重要なことだと思います。そのことがなければ、学問する、あるいは「社会学する」ことの意義も半減するでしょう。それは一種の再帰的かつ批判的な試みなのです。そこで、先に進めましょう。この Natural という言葉は、次のNともかかわるので、それを検討してみましょう。この点こそ、本書の内容上のポイントとなってきます。

つまり、それが三つ目の「National」です。現在の私たちにとって、つまり新自由主義的な競争原理が喧伝されるなかで、あるいはそれに伴った国立大学の「独法化」以降、そして中国の学生や研究者にとっても、と付け加えてもいいのですが、科学を国の発展のために役立てるというナショナル（national）な発想は、一部ではきわめてnaturalなことだと思われています。国家の発展、国益の増大、国民の生活が第一（どこかで聞いた表現ですね）というnationalな視点は、じつは少しもナチュラルではありません。それは、一九／二〇世紀の近代国民国家的な仕組みのなかで自明視されてきたに過ぎない、いまとなっては「古い」発想ではないでしょうか。国家が競争して（経済的、政治的に）勝ち負けを競う（一九世紀末に始まり二〇二〇年に東京で開催されるオリンピックもそうです）といった国家間競争は、グローバルな環境問題や格差問題などの解決が求められる二一世紀には必ずしも適合的ではないかもしれません。二度の世界大戦とその後の冷戦は、二〇世紀の負の遺産です。「National」な発想を含めたこうした「自明性」を、「ホント」なのかと問い直すことから、本来の学問・研究は始めなければなりません。少なくとも、筆者の社会学研究はこうした点が出発点です。そうした視点から、「移動」「越境」「超越」、そして多文化社会と社会のイノベーションを考えていきたい。それが本書のねらいです。そこで、プロローグはこれぐらいにして、序論的な第一章に入っていきましょう。

# 第一章　社会学と多文化社会の問題
## ――トランスナショナリズムへの序奏

### 一　社会学と日本社会学――国際社会学の登場

「国際社会学」の名称の後半部の「社会学」とはどういうものかを理解するために、まず簡単な歴史を振り返ってみると分りやすいかもしれません。そこでまず、「日本の社会学」に簡単に触れておきましょう（宇都宮編二〇〇六に所収の拙稿参照）。日本の社会学は欧米からの「お雇い外国人教師」によって、まずイギリス人ハーバート・スペンサーの社会学の導入から始まりました。一八七〇年代です。そして、細かくは触れませんが、スペンサーの社会学――社会を生物と同様の有機体として捉える進化論的な見方――は、明治政府にも、そしてその反対派、自由民権運動家にも影響を与えました。適者生存や自然淘汰などの進化論的な考え方が「科学的」だとみなされ、政府はあまり貧乏人には目を向けなかったのです。とはいえ、スペンサーは、社会は個人という細胞の集まりではありますが、他の生物とは異なり、一つ一つの細胞＝個人も尊重されなければならないという趣旨の発言もしておりました。自由民権運動家はそこに着目したのです。このように導入期の社会学は、その受容においては、まだ体系的なものではありませんでした。

ところで、いま「社会学」と前提なしに記してきましたが、社会学は日本の場合、英語の sociology という言葉からの翻訳語です。社会学も、そして社会という言葉も、明治期に新たに訳語として成立したものです。つまり、それまでの日本には「社会」はなかったのです。それに近い概念は「世間」という言葉でした。sociology は、仲間などの意味をもつソキウスというラテン語と、論理や学問を表すロゴスというギリシャ語をもとに、フランス人のオーギュスト・コントが一八三九年に造った新語で、新たな学問でした。中国では(そしてその影響を受けてコリアでも)、「群学」と当初は訳されていました(現在は「社会学」です)。日本では、当初、sociology という言葉に対して、交際学・社交学・会社学・世態学などの訳語も考えられていました。「世態学」という訳語は、結構良い訳語かもしれませんね。世間あるいは世界の状態を研究する学問を、世態学と考えるわけです。

しかし当時は、社会よりも国家が重要で、国家は一つの「有機体」を成しており、そしてその頂点に天皇がいる、といった式の国家有機体説が初期の日本社会学では説かれました。さらにその後、社会学は人びとが社会を作るという意味での「社会化」に着目したゲオルク・ジンメルが、その「社会化の形式」を問う学問として社会学を考えました。「形式社会学」と呼ばれるこの社会学も、日本にも紹介されました。しかし比較的すぐに、そんな「形式」よりも中身つまり「内容」こそが重要だ、と考える人びとが出てきました。彼らは、とくに「文化」を論じることが大切だと説いて、日本の「文化社会学」も生まれました。しかし一九三〇年代、一五年戦争に入るころにはその論調も変わり、日本の「文化社会学」が「日本文化」の社会学となって、帝国日本のナショナリスティックな軍国主義的傾向の一翼を担うようになりました。このように、導入期から戦前・戦中の社会学は、国家をその内部から支えるような学問と見なされてきました。国家を強くするために、社会や文化の問題を考えるといった思考法だったのです。そして、敗戦です。

戦後すぐに、佐賀出身の社会学者・経済学者であった高田保馬は、『世界社会論』(一九四七年)を刊行します。いまではほとんど顧みられなくなっている著作ですが、その「序」には現代でも十分に通用する——いや今日こそあらためて着目すべき——論点があります(以下は原文を現代的表記に改めています)。「過去十年あまり、日本にはヘーゲル国家論の影響があまりにも強きに過ぎた。世界の結合が忘れられ、ことに世界国家の形成を永久にわたって否定するような主張が、学問の名においておこなわれた」(高田 一九四七：序一)と。そして彼は続けて、これまでの学問において「世界ないし人類的結合の基本に社会学的洞察を加えようとする研究は極めて少ない」と述べ、だから「この欠陥を少しでも……埋めたい」という思いから、「社会学の分野に傾注し」て、この著作『世界社会論』を書くことになった、と述べています。さらにその第一章でも、「世界社会すなわち世界としての社会は、同時に人類としての社会である」と述べ、「世界社会によって対立的に予想され否定されているのは、相対立する狭い地域団体、事実においては一つ一つの国家であろう」と、「世界社会」対「国家」の問題に言及しています。今日、国家の衰退や国家の退場が語られているなかで、グローバルな社会のあり方が注目されている世界を見通しているかのような記述です。

しかしながら、高田のこの世界社会論は戦後日本社会学のなかでは無視され、忘れられてしまいました。戦後の日本社会学は、日本社会と同様に、アメリカの影響を強く受けることになります。戦後(じつは一九三〇年代から始まっていたのですが)、アメリカの社会(統計)調査の実証的潮流が形成され、社会「科学」としての自己規定が進んでいきます。

さらに理論面では、①一九五〇年代からのアメリカのタルコット・パーソンズの「機能社会学」が着目されました。つまり社会システム論やAGIL図式として知られる、社会を維持存続するための機能要件を確定しつつ、社会を分析するのが社会学だとする考え方です。適応(A)、目標達成(G)、統合(I)、動機づけという潜在的・内面的な側面(L)という四つの機能の充足という観点から、たとえば国家、地域社会、家族といった社会システムが考察されました。そして、人びとが規範を内面化することで秩序が維持されるという面も強調されました。つまり、いかにして秩序だった社会が可能になるのかという問題に対するパーソンズの答えが、個々人による「規範の内面化」だったのです。しかしそこには、ときに規範に反逆し、自分なりに新たな意味を形成して生を営む創造的な人間観は見えにくくなっていました。

その点で、②一九七〇年代からは、個々の行為者（の主観性）に着目する（とされた）シュッツの現象学的社会学やエスノメソドロジーなどを含む「意味社会学」への着目がなされました（西原 一九九八、参照）。そして、社会学理論としてはもう一つ、③一九六〇年代前後からのマルクス主義社会学の台頭も指摘できます。その立場からは、パーソンズの議論は保守的で、シュッツの議論は主観的だといった批判も投げかけられました。ここではこうした点の細かな議論の中身には、あまり立ち入らないでおきましょう。むしろ、いずれにしても、これらの社会学理論は、いかにして日本社会を再建し、発展させていくかが中心的な課題であったことを指摘しておきましょう。世界（とくに欧米）からの理論の導入には熱心でしたが、世界自体に目を向けることはなく、まずは日本社会の発展や安定、そしてそのためには現状をきちんと実証的に分析することが（民主化や改革のためにも）重要だとされてきたのです。「世界社会」という発想は――マルクス主義の一部にはインターナショナル（国際的）な連帯という面は見られたにせよ――ほとんど議論にならなかったのです。

そうした三つ巴の状況は、その後、少し変化します。対立ばかりでは生産性がないと言わんばかりに、一九八〇年代にはユルゲン・ハーバーマス、ピエール・ブルデュー、アンソニー・ギデンズ、さらにはニクラス・ルーマンといった人びとが、これらの三つの潮流をまとめ上げる「統合的な社会学理論」を説きはじめます。次の表を参照してください。

**表　日本社会学会の学会誌『社会学評論』掲載論文の題目に現れた社会学者の名前**

| Name of Sociologist | Total | 1950s | 1960s | 1970s | 1980s | 1990s | 2000s |
|---|---|---|---|---|---|---|---|
| 1: Weber | 32 | 3 | 8 | 9 | 7 | 5 | 0 |
| 2: Durkheim | 23 | 3 | 5 | 3 | 4 | 8 | 0 |
| 3: Parsons | 19 | 5 | 4 | 3 | 4 | 2 | 1 |
| 4: Schutz | 13 | 0 | 0 | 0 | 8 | 3 | 2 |
| 5: Marx | 8 | 0 | 2 | 5 | 2 | 0 | 0 |
| 6: Habermas | 8 | 0 | 0 | 0 | 5 | 2 | 1 |
| 6: Luhmann | 8 | 0 | 0 | 0 | 5 | 3 | 0 |
| 6: Mead | 8 | 1 | 0 | 2 | 2 | 3 | 0 |
| 9: Simmel | 6 | 1 | 1 | 0 | 1 | 2 | 1 |
| 10: Foucault | 4 | 0 | 0 | 0 | 2 | 1 | 1 |
| Total | 139 | 18 | 20 | 26 | 43 | 29 | 5 |

出典）Nishihara(2014)

この表は、日本社会学会の学会誌に掲載された論文のタイトルに現れる社会学者の名前を数えたものです。一九八〇年代に入って、少し変化がありますが、それ以上にここでもう一つ気づくことがあります。それは何でしょうか。そうです、二〇〇〇年代に入って日本の代表的な学会誌から、社会学者の名前がほとんど消えた！、のです。理由はいろいろ考えられますが、この傾向は――ここでは詳しく数値を挙げませんが――社会学理論系を専攻する社会学者の割合が（農村社会学研究者の割合とともに）減り、かわりに情報系やエスニシティ系の研究者の割合が大幅に増えるというもう一つの傾向とも軌を一にしています（詳しくは、池岡・西原編 二〇一六、に所収の拙稿を参照）。もちろんこれは、日本社会の状況を反映しているわけです。理論や農村は変容し、情報社会化と国際社会化の進展が関係していることはすぐに推測できるでしょう。このように社会学は、その良し悪しは別として、時代に強く影響を受けながら、時代とともに歩んできたことは確かでしょう。

そこで、本題の国際社会学に関する話に進む前に、まずは、これまでのさまざまな社会学の潮流を踏まえて、一応、社会学の焦点をはっきりとさせておきましょう。

社会学は、①その対象は人間ですが、心理学とは異なり、とくに人間関係・社会関係などの関係性に着目し、②経済学や政治学とは異なって、とくに日常生活を営む人びとの社会的世界を対象とする日常性に目を向け、③歴史学とは異なり、過去ではなく現代の社会を対象とする現代性に重点があり、そして④単なる感想・評論ではなく、実証科学としての事実性を重視します。つまり、現代の日常の社会関係を実証的に捉えていく学問が社会学だと言っておいてよいでしょう。

しかしながら、その対象である「現代の日常の社会関係」がいま大きく変化しているのです。国家を超えるような、グローバル化や国際化です。しかもその影響は、私たちの食卓にも、衣服にも、要するに日常生活全般に影響を与えているものです。その変化を実証的に捉えるためには、国家内部の社会だけに焦点を合わせてきたかのような、これまでの社会学の理論枠組みだけではダメなのです。そうして、international、transnatinal、global、あるいはコスモポリタン(cosmopolitan)な発想が必要になってくるのです。そこで、やっと「国際社会学」が登場します。

日本における国際社会学は実質上一九八〇年代ごろから現れ始めますが(馬場一九八〇、駒井一九八九)、本格化するのは二〇世紀の九〇年代から二一世紀の〇〇年代です。九〇年代の初めに梶田孝道編の『国際社会学』が出版され、〇〇年代には樽本英樹の『よくわかる国際社会学』が刊行されます。さらに二〇一〇年代の半ばには、宮島喬ほか編の『国際社会学』や西原和久ほか編の『現代人の国際社会学・入門』などが登場します。国際社会学は、その意味では、ここ二〇年余りの間に、徐々に日本社会学にも定着し始めてきた、新しい社会学の潮流なのです。

そこで、筆者なりに、国際社会学を他の国際関連の学問と対比させて位置づけてみましょう。たとえば、国際政治学があります。これは研究対象となる主たるアクターを「国家」に定め、国家間のコミュニケーション媒体(メディア)は「権力」です。さらに国際経済学も注目されています。その研究対象の主たるアクターは「企業」で、メディアはもちろん「貨幣」です。これらに対して国際社会学は、主なアクターとしては個々の「人間」(文字通りの行為者)で、コミュニケーション・メディアは広義の「言語」（顔の表情や態度なども含めた知情意を備えた「身体」を含む）だと言っておきましょう。

つまり、国際社会学は社会学である以上、人と人とが知情意を働かせて結合・分離・支配などの社会関係を取り結ぶグローバルな「社会」が研究対象だというわけです。その点で、社会学を「社会的行為を解明しつつ理解し、その経緯と結果を因果的に説明する学問である」としたヴェーバーの理解社会学の延長線上にあると言えます（Weber 1921 = 一九五三）。そこから筆者自身はこれまで、ミードの三者関係論を含む相互行為論、ジンメルの仲介者や媒介者といった視点を含む社会関係論、シュッツの行為や意味の生成を問う発生論的な相互行為論、あるいは哲学者モーリス・メルロ＝ポンティの言語以前の／以外の（間）身体の現象学、廣松渉のいう物象化（つまり認識論と実践論のレベルで対象を「～として」共同主観的に把握する物象化論：後述参照）などに注目してきました。これらについて関心のある方は拙著『自己と社会』（西原二〇〇三）などを手に取ってみてください。詳細は少し専門的になるので省略します。ただし、ヴェーバー、シュッツ、廣松と密接にかかわる以下の点だけは、明確にしておきましょう。それが国際社会学の基本視点と重なるからです。

ヴェーバーの社会学では、人びとが相互行為を交わすことで社会が生成するという視点、つまり行為ないしは相互行為から始めて社会の構成を論じる視点が明確です。いわば「人間が社会を作る」という側面です。他方、一般的には、マルクスやデュルケームの社会学では「社会が人間を作る」側面が重要だとされています。そこで、ここではヴェーバーの視点で話を進めましょう。

社会が生成するなかで、私たちはその社会を反省的に語ることができます。まさに社会学は「社会」を語っているわけですが、それは、いま生成中の「社会」をその外部から「客観的」に語ることになります。それは、一種の「物象化」（廣松一九八六）です。物象化とは、人と人との関係の過程をあたかも物と物との関係のように捉えることを指します。マルクス的な例を引いておけば、貨幣という金属や紙が物を購入することができる力（購買力）を備えているかのように見えるのは、その背景の社会関係（生産者や消費者や商店員などの関係）を顧慮せずに、物象化的に把握している典型例だといってよいでしょう。本節で述べている物象化とは、人びとの相互行為をモノとして捉え、固定化し類型化して、「～として」捉えることです。しかし、実際の相互行為はそうした物象化的把握とは多少とも異なって進行していきます。つまり、ここで言いたいのは、「社会を語ること」と「社会を作ること」とはぴったりと重なるわけではないこと、そうであればまずは社会を作るその過程それ自体こそが重要視されなければならないでしょう。

……少し分りにくかったかもしれません。要するに、こうした議論のポイントは、研究者が理論や理念を語るまえに、現実に日常の行為者がさまざまな形で「社会」を形成している点に着目する必要があり、かつその社会形成の姿をなるべく物象化しない形で捉えていくこと、それが要請されているということです。そしてそのうえで、私たちは、その「社会」のあるべき姿を語り合うこと、つまり、私たちは未来を積極的に語っていく必要もあるのではないでしょうか。それも社会学の役割です。では、この点をトランスナショナリズムに即して考えていってみましょう。

現代世界では、交通や通信の技術的イノベーションにも促されて、「国際移動の時代」（カースルズとミラー）が到来しています。そこで、現代社会論では、移動や社会空間の拡大、脱国家的思考、そして共生が考察の課題となります。その際に問われるべきなのは、トランスナショナルな移動に伴う（送出地という）ローカルな出発点、越えていく国家の境界線、そして（移住先の）ローカルな到着点、でした。そこで何が生じているのでしょうか。その検討の視線は、グローバルであると同時にローカルなものです。それをグローバル＋ローカル＝グローカルな視線といってよいでしょう。

そのように考えてくると、人びとが脱国家的志向をもち（いろいろな問題を抱えていますが、議会や裁判所までもつEUのことを考えてみてください）、現実にも人びとが移動する現代において、国家や国境や国民といったものは、いったい何なんでしょうか。しかもトランスナショナルな移動と交流によって、社会関係や社会空間が国家を超えて拡大するならば、これまでのように「社会」を国家内部の市民社会とだけ捉えるような見方は、問題となります。国家間競争や国家内社会概念といった一九／二〇世紀的国家観は再検討されるべき時期に来ているとすでに指摘しました。ここでの着目点は、そうした再検討を促す発生論的基盤がまずもって、現代世界の人びとの新たな相互行為にあるとすれば、まず問われるべきは、新たな社会を形成する発生論的な相互行為の様相であるということです。そしてそのための、記述用語や分析概念として、そしてさらには理念理論としても、間主観性（西原 二〇一〇）やトランスナショナリズム（西原・樽本編 二〇一六）が、いまこそ検討されるべきであろうと筆者は考えています。

日本では、一九九五年から二〇〇五年頃にかけて、トランスナショナリズムという言葉が本格的に用いられるようになりました（スティーブン・バートベック（Vertovec, 2009）によれば、欧米でも同様な傾向を示しているようです）。たとえば、国際社会学のテクスト（梶田編 一九九二）には、transnational という英語表記がみられるようになり、人類学者がムスリムの生き方からトランスナショナリズムを描き出し（片倉 一九九五）、また文化研究者がトランスナショナルな文化の広がりを論じ（岩淵 二〇〇一）、さらに社会学者が本格的にトランスナショナルな社会空間を（その概念批判を含めて）論じるようになりました（小井戸 二〇〇五）。そして今日では歴史学者も、インターナショナリズムではなく、トランスナショナリズムが大切だと述べ始めています（入江 二〇一四）。

そこで次の話は、トランスナショナリズムにしたいところですが、しかしその話に入る前に、少し抽象的な話が続きましたので、具体的な事例でトランスナショナルな場面を捉えやすいようにしておきましょう。その点に触れてから、トランスナショナリズム論に進みたいと思います。

## 二　日本における入移民と出移民の過去と現在

一般に欧米の国々（とくにOECD加盟国）では、平均すれば国の人口の一〇％前後の外国人が居住しています。もっと高い率の国や地域もあります。アラブ首長国連邦（UAE）など一部のアラブ世界では七〇％前後ですし、ルクセンブルクでも、あるいはシンガポールや香港でも四〇％前後の外国人居住率になっています。スイスも二〇％ちょっとです。

しかしながら、日本は現在でも「一・七％」前後です。これは先進国のなかでは極めて低い数値です。かつて、日本がまだ〇・八％であった一九九〇年代直前にはスペイン（〇・六％）やイタリア（〇・九％）も低かったのですが、現在ではスペインは一〇％を超え、イタリアも一〇％に迫ってきています（樽本 二〇一二、参照）。日本だけ、相変わらず、きわめて低い状態が続いています。難民の受け入れに関しても、同様な点が指摘されています。「閉ざされた国・日本」と言われるゆえんです。しかし、少しずつ変化も現れてきています。しかも、率は低いとはいえ、日本は完全に閉ざされた国ではありません。過去も、そして現在も、人びとのトランスナショナルな移動の実践には着目することができます。

日本の移民（migrant）を考えようとする場合、出移民（emigrant）も入移民（immigrant）も、新旧を考えることができます。出移民の場合は、明治の早い段階から一九七五年代ごろまでが旧移民の時期と考えられます。日本語で移民という場合に多く連想されるような、生活の苦しさを逃れ国外の新天地を求めて移住するような移民です。もちろん、出稼ぎのつもりの人びともいました。それに対して（かつての移民という語感には必ずしも対応しないような）「新移民」と呼ぶことができる新たな傾向の移住者が表れ始めます。特に私が注目しているのは、二〇〇〇年代に入って目立ってきた国際結婚移住者（移住地としてオーストラリアやカナダが特徴的です）や新たな経済活動の拠点を国外に求めるような移住者たち（中国の華僑に対して、日本の和僑というグループも形成されています）です。

他方、入移民についても触れておきましょう。同じく一九七〇年代ごろまでのいわゆるオールド・カマーと呼ばれる人たちと、一九八〇年代に入ってからのニューカマーと呼ばれる移住者を区別しておく必要もあるでしょう。よく知られているように、横浜中華街や神戸南京町、そして長崎の新地中華街のようなチャイナ・タウンがあります。これらは中国からのオールド・カマーによって作られました。また、大阪・生野区には戦前からのコリアン集住地区があり、コリア・タウンと呼ばれています。

しかしながら、一九八〇年代中ごろからは早くも群馬県大泉町を中心に、さらに一九九〇年代に入ってからは愛知県豊田市や静岡県浜松市にも、ブラジル人集住地区が形成されます。また、そのころから東京の新大久保には新たなコリア・タウンが形成されて、二〇〇〇年代初期の韓流ブームのころには多くの日本人がコリアン・ショップに集まりました。さらに、中華街に関しては、池袋にも中国人の飲食店や食品店が集住する地区が生まれ、第四の中華街などと呼ばれ始めています。埼玉県の川口市にも一つの団地に中国人を中心にたくさんの外国人が住んでいます。さらに、江戸川区の西葛西周辺にはインド人街も形成されつつあります。そして、高田馬場にはベトナム人やミャンマー人が集まってきており、リトル・サイゴンとかリトル・ヤンゴンと呼ぶ人もいます。

しかし、それだけではありません。日本における「新移民」とみなすことができる入移民に絞って、さらに話を続けましょう。ただし以下では、「国境を越えて他国に半年以上にわたり居住している人びと」を「移民」をしておきます。というのも、国連の関係機関などは「一年以上」を基準にしているのですが、そうすると日本の場合の外国人研修生（二〇一〇年以降は制度改定で外国人技能実習生と呼ばれますが、いまは研修生に統一しておきます）と呼ばれる人びとのなかで、半年程度で帰国してしまう人びとが視野に入ってこないからです(後述参照)。ドイツやフランスにおける季節労働者も同様です。

日本への入移民は、一九七五年ごろ以降のベトナムからの「ボートピープル」(南北ベトナムが北の社会主義勢力によって統一されたことに伴ってボートで脱出した難民)が転機となりました。そのころ、高度成長は終わっているのですが、経済大国化した日本では、少子高齢化、高学歴化、そして若者の3K労働の忌避などで第二次産業を中心に人手不足が深刻になり始めました。その後、さまざまな形で外国人「労働者」の導入(およびその計画)が始まります。その流れを決定づけたのが、一九九〇年の改定入国管理法施行です。これ以降、法的にもかつての出移民で、たとえばブラジルやペルーに渡った人たちの二世や三世が、日系ブラジル人や日系ペルー人として日本での労働が認められたのです(ピーク時には日系ブラジル人は三〇万人を超えました)。そしてまた、これ以降、いわゆる「研修生制度」が確立されていき、アジアからの「研修生」(とはいえ、実質的には人出不足を補う「労働者」)が来日しました(これもピーク時には二〇万人に達しました)。

さて、プロローグで多少触れましたが、筆者自身は社会学理論研究に関心があって、筆者と同様の研究をしているマンチェスター大学の社会学者(ニック・クロスリー教授)のところに二〇〇二年に客員研究員として赴いていたのですが、このマンチェスター市では八か国語で市報が出され、町には外国人居住者がたくさんおり、またアジアからの留学生も多数いました。そうした「多文化都市」マンチェスターの体験がもとになって、移民=移住者への関心が筆者のなかで高まりました。

そのようななかで、たしか二〇〇四年でしたが、南京大学での講義を終えて上海「浦東空港」の名古屋行の飛行機の待合室で、一〇代後半と思われる若い中国人女性たちの一団に出会いました。彼女たちは、三重県のメーカーに「研修生」として三年間働きに行く途中でした。その時には追跡調査はしなかったのですが、二〇〇八年からは長野県の寒村での調査を本格化させました。人口四〇〇〇人余りのその農村に、当時は六〇〇名を超える中国人が「研修生」として来村しているという情報を得たからです。

調べていくと、その村は、二〇〇三年に四名の「研修生」を二つの農家が受け入れてから、一〇年目の二〇一二年には八〇〇名を超える外国人農業研修生（＝労働者）が春から秋にかけての七か月間「農作業」をしています（ここ数年は、約七割が中国人、約二割がフィリピン人、そして約一割がインドネシアやカンボジアなどの東南アジアからの移動者で、彼ら／彼女らが「季節労働」を担っています）。いろいろ問題点・批判点もありますが、筆者自身は研修生である当事者と受け入れた農家の人びとに焦点を絞って調査し、日本語や英語で論文を書いてきました（例えば、西原二〇一一b、Nishihara 2013、など）。

もちろん、農村だけではありません。漁村でも、外国人研修生が活躍しています。宮城県の漁業を中心とするある町では、一九九九年に二〇人の中国人研修生を受け入れてから、二〇一一年三月には、一六〇名以上の中国人研修生が海沿いの水産物加工場で働いていました。そして、その三月一一日に、東日本大震災が起きました。この町もたくさんの犠牲者を出しました（人口約一万人の一割近くが死亡・行方不明になりました）。

筆者は震災後、こうした外国人研修生を含めて、被災地の外国人居住者に焦点を合わせて調査活動を続けてきました。そして右で述べた町以外にも、西隣の市や、北隣の町にも足を伸ばして、さまざまな聞き取り調査をおこなってきました。そして、そこで得た知見は、外国からきた人びとと地元の人びととの関係を共感をもって媒介する人として、「共振者」「媒介者」ないしは「媒介者＝共振者」と呼べる人びとの存在でした。文化を橋渡しするという面では、「間文化的媒介者」という表現も使っています（後述）。いずれにせよ、このような「媒介者」の存在はきわめて重要だと認識しました。もちろん、「媒介者」になるのは、ＮＰＯの人びとであったり、自治体の国際交流協会（ないしは国際化協会）の人びとであることもあります。しかしとくに筆者が着目したのは、「媒介者」本人が外国にルーツをもっている人びとでした。

ところで、このような調査を東北の被災地でおこなっているなかで、別の興味深い事例にも出会いました。それは、直接海に面してはいない宮城県の内陸部の市における二つの事例です。大いに関心をひいた一つは、国際結婚してこの市に在住している外国にルーツをもつ人びと（多くは女性）の「日本人夫」たちのグループが存在していることでした。そのリーダーからもお話を伺うことができました。彼は「（国際結婚した日本の）男たちが変わらなければ」と語っていたのがとても印象的でした。非常に重要な試みです。

さらに、そうこうしているうちに、もう一つの興味深い事例にも出会いました。この市には、及川甚三郎（通称オイジン）という明治期に活躍した「イノベーター」（革新者）が存在したのです。この点に関しては筆者らが書いた論考（西原・芝・小坂二〇一四）を参照していただきたいのですが、出身地の地元で工場なども建てて活躍していたオイジンは、一八九六年（明治二九年）にカナダのバンクーバーに行って、そこの漁業に目を付けました。そして一九〇六年に地元民を中心に、約八〇名を密航させ、さらに最終的には四〇〇名ほどの「移民」をバンクーバーに送り込んだのです。この密航の話は新田次郎の『密航船水安丸』というほぼ史実に基づく小説になって描かれています。

そこで筆者は、宮城の地元のオイジン関係者や、さらにはバンクーバーをはじめとするカナダのオイジン関係者（カナダ移民一世、二世、三世を含む）にも、カナダに赴いて聞き取り調査をおこないました。というのも、私自身は、前述のようにアジアに関心をもって一〇年間アジアを回り、アジアの研究者のネットワークづくりに奔走してきましたが、一〇年経たあたりから、アジアだけでまとまっていくことが本当に良いことなのかと迷い始めていた事情もありました。戦前のような（戦争につながった）「アジア主義」には陥りたくない、という思いです。「脱亜入欧」ではなく、「入亜連欧」という言葉も脳裏をよぎりました。要するに、アジアの連携は絶対に必要だが、アジアだけでまとまれば良いとは考えたくなかったのです。

そう考えてみると、日本や他のアジア諸国もそうですが、じつはたくさんの移民を（南北）アメリカ大陸に送り出して、いまも関係を維持している人びとの存在に気づきました。つまり、環太平洋における人びとの「つながり」が視野に入ってきました。アジアから環太平洋地域（Transpacific Area）に着目するようになってきました（そこで、オーストラリア、サイパン、グアム、ハワイの太平洋の島々、そしてメキシコ、アメリカ、カナダに赴いて新旧の移民たちにお話を伺ってきました。もちろん、日系移民の多かったブラジルやアルゼンチンにも行ってきました。こうしたフィールドリサーチは五年目に入りますが、もう少し続けたいと考えています）。そこでいまは、未来に向けた「環太平洋のネットワーク形成」を模索している段階にあります（ハワイ大学社会学部での在外研究には、その思いも込められております）。

そうした着目・探求を一言で言い表すとすれば、それは「トランスナショナルな移動」＝越境を契機とする連携です。筆者としては、これまでの移民＝移動者研究から、「トランスナショナリズム」という論点がいろいろな意味でとても重要になってきています。そこで、第一章の最後の節として、この点に触れておきましょう（ただし、トランスナショナリズムの筆者なりの規定に関しては、次章で展開するつもりです）。

## 三　トランスナショナリズムをめぐる先行研究

さて、前章までの筆者の立場をまとめますと、日本社会学史と社会学の行為論から話を始めましたが、その次の日本の出入移民についての検討から、筆者はアジア・環太平洋への着目を日系／アジア系移民の環太平洋ネットワークの探求として重要な視点だと記しました。こうした知見は、オイジンの例のように、じつはグローカルな視座からのトランスナショナルな視点としてまとめられると思います。

こうして、以上では、筆者の調査研究の関心は、アジア系移民にあるけれども、当面の研究事例として「環太平洋地域の日系移民」の研究に従事していることも示唆してきました。その理由は、繰り返しになりますが、アジアだけで自閉しては、「エスノセントリズム（ehnocentrism）＝自民族中心主義」に陥り、一方的な差異の強調や同一性の強要に伴う「物象化」に陥りやすいからでした。そうした事態を乗り越えるためには、「他者」との相互行為場面での交流問題が、あるいは他者との「共生」問題が重要だと補足し、かつ強調しておきましょう。

そこでいよいよ、「トランスナショナリズム」についてみていきましょう。まず、二人の先行研究者に登場願います。一人は、ウルリッヒ・ベックというドイツの社会学者です。彼は「リスク社会」という切り口を提唱し、かつグローバル化への発言を活発に続けてきました。そのベックは、「ナショナルな政治には適合しない新しいグローバルでローカルな問題の弁証法」があり、「それらは、トランスナショナルな枠組みにおいてのみ議論され解決されうる」(Beck 1998: 29) と述べています。もう一人、スティーブン・バートベックは、トランスナショナリズムを正面から取り上げた著作を出しています。彼によれば、トランスナショナリズムに関するこれまでの研究は、次のような六点に分類されます (Vertovec' 2009: 4ff.)。

①ネットワーク形成といった「社会形態論」としてのトランスナショナリズム
②多元的帰属意識をも含む「意識類型論」としてのトランスナショナリズム
③複数国家間を跨ぐ「文化再生産論」としてのトランスナショナリズム
④新パワーエリートとしてのトランスナショナルな資本家階級論を含む「資本流通論」としてのトランスナショナリズム

⑤ＴＳＭＯ（Transnatinal Social Movement Orgnizations ＝トランスナショナルな社会運動組織）を射程に入れた「政治参加論」としてのトランスナショナリズム
⑥トランス・ローカリティといった概念の出現にも関わる「地域再構築論」としてのトランスナショナリズム

以上の二人の議論はいずれも示唆的なものですが、ベックに関しては、彼が「方法論的ナショナリズム」を批判して「方法論的コスモポリタニズム」を提唱する点、バートベックに関しては、これまでのトランスナショナリズムの議論をまとめただけで、どのような方向が求められているのかが不鮮明な点が、とりあえずの問題点として指摘できます。

そこで、筆者としては、東アジアや環太平洋地域の現状を踏まえて、いま求められているのは、いきなりの世界規模のコスモポリタニズムよりも、むしろ身近な場におけるトランスナショナリズム志向ではないかと考えています。そして、コスモポリタニズムという概念自体についても、再検討が必要ではないかと思っています。方法論的ナショナリズム（methodological nationalism）とは、プロローグでは別の文脈で用いましたが、ベックによれば、「国民国家と社会とが近代世界における『自然な』社会的政治的形態であると想定するもの」（ベック 二〇一一：一四五）です。だが、そこでも触れましたが、ＥＵが成立しているヨーロッパでは次の段階としてのコスモポリタニズム（世界市民主義とも訳されますが、私はあえて訳すならばむしろ世界人主義、より正確には「世界万人対等主義」が妥当だと思います。この点は第四章で触れます）が標榜できるとしても、東アジア、とくに日中韓などの北東アジアでは、どのようにして偏狭なナショナリズムを超えることができるのかが当面の焦点になっていると思われるからです。

筆者の立場や用語法でいえば、いま北東アジアのようなリージョナルな地域で求められているのは、発生論的な相互主観的交流（「国際交流」ではない「人際交流」）のような、日々生まれいずる社会形成を重視する（物象化されていない）イノベイティブな状況への着目です。それは、日々の身体的（共振的・共感的）な交流を含めた広い意味での交流です。その交流をいかに活性化していくのか。そのためには、先に触れた媒介者＝共振者の存在もきわめて重要です。

そこで、私たちにできることは何か。私たち一人一人が、そのような媒介者＝共振者にいかにしてなれるのか。少なくとも、自分にできることは何かと考えて実践すること、あるいは自分のできる範囲で媒介者になってトランスナショナルな志向をもつこと、こうしたことがいま求められているのではないでしょうか。もちろん、いきなり世界全体を考えることは無理がありますので、自分にできる範囲での「下からのトランスナショナリズム」がいま求められているように思われます。

そこで、この第一章の結びに代える形で、ここで筆者なりの「トランスナショナリズム」論の方向性や可能性について述べておきましょう。トランスナショナリズムに関しては、まだまだ論じなければならない点があるのですが、なぜトランスナショナリズムを論じるのかという、その目的、利点について、あらかじめ確認しておきたいのです。

これまでの社会学は、国家の内部に（市民）社会があるという国家内社会概念を自明視してきました。それは、家族があり、市民社会が形成され、国家がそれをまとめるというヘーゲル流の弁証法的な見方です。ですからそれを筆者は、ヘーゲル流の国家内社会概念と呼んでいるのですが、先に触れた高田保馬も同様なことを考えていたと思われます。こうした見方は、国境を越えて人びとが移動する時代にはあまりふさわしくありません。ヘーゲルは、「人倫の最高形態」としての国家を論じましたが、国連やEUという地域統合体を考えてみればわかるように、今日では国家の頭上にさらに大きな政治的経済的機構ができています。さらに国家の足下にも、人びとの移動にともなう流動化（液状化という人もいます）が見られます。経済や政治だけでなく、社会や文化のグローバル化がこうした事態を一層推し進めたわけです（逆も言えますが）。この傾向をナショナリズムを強調して押しとどめようとするのは、一九／二〇世紀型の国家観に逆戻りするような動きでしょう。いまは、近代国民国家それ自体が問われているのです。自分の国さえ良ければいい式の発想は、グローバルな環境問題、格差問題、平和問題を考えてみればわかるように、二〇世紀には通用したとしても、これからの社会では大いに問題ありです。その意味で、「社会と国家を問い直す二一世紀社会学」がいま求められています（西原・油井編二〇一〇の最終章および西原・樽本編二〇一六の第二章を参照してください）。

いま語られているような「多文化社会」を目指そうとするならば、少なくとも、国や国籍などを超えて人びとが共に喜びあえるような「共歓」ないしは「共愉」と訳すことができる「コンヴィヴィアル（convivial）」な社会をめざして歩む必要があるでしょう。それがあまりにも理想論に過ぎるとするならば（確かにそれは理念的なものですが）、まずは社会学も、国家内社会だけを論じるような方法論的ナショナリズムをやめて、「方法論的トランスナショナリズム」を積極的に採用し、「国家内社会概念」を超えて、「社会を超える社会学」を目指し（Urry 2000＝二〇〇六）、「移動生活（mobile life）」に焦点化し（Elliott & Urry 2010）、同時に「リアル・ユートピア」を探求すること（Wright 2010）が必要でしょう（なお、この「リアル・ユートピア」の探求とは、ユートピア（どこにもない理想郷）ではありますが、その一部は現実に（リアルに）存在し始めているような事例を探し求めることを意味します。後の議論も参照してください）。それゆえ、当面は、「方法論的トランスナショナリズム」が求められているわけなのです。

リーマンショックで職を失った東海地区の日系ブラジル人家族の母親たちに対して、三重県にある高齢者施設を運営するある社会福祉法人は、彼女たちを「（外国人）ヘルパー」として雇用し始めました。高齢者も、法人関係者も、そして何よりも日系ブラジル人自身もたいへん喜んでいました。このような共助、共働、共利にもとづく共歓・共愉の（＝コンヴィヴィアルな）関係をいかに作り上げていくことができるのか。バンクーバーの日系移民の高齢者施設でも同じような多文化的な光景を目にしましたが、これが一つのリアル・ユートピアの例なのかも知れません。

では、次の章に移ります。そこでは、これまで立ち入っては論じてこなかった、ナショナリズムや多文化主義、そしてトランスナショナリズムの議論を深め、さらに「社会のイノベーション」という方向でそれらを考えてみたいと思います。

# 第二章　ナショナリズムとトランスナショナリズム

## 一　国家・国家内社会・ナショナリズム

前章でみたように、戦後日本の初期に高田保馬は、これまで「世界社会」あるいは「世界ないし人類的結合」は論じられずに、それぞれの「国家」が論じられているにすぎないと断罪し、そしてそれがヘーゲルの強い影響によると論難していました。

ここで高田が批判するヘーゲルの国家観は、筆者から見れば、二つの論点が含まれていると思われます。すなわち、一つはヘーゲルの『歴史哲学講義』(Hegel 1840 = 一九九四)でも論じられたような、歴史(「世界史」)を、戦争を介した諸国家間の争いの歴史とみる見方です。すなわち、ヘーゲルなりの「自由の理念」の実現のためとはいえ、一種の覇権をめぐる国家間闘争の弁証法的な進展の歴史とみる見方(ヘーゲル流の「国家闘争史観」と呼びうる見方)です。もう一つは、ヘーゲルの『法の哲学』(Hegel 1970 = 二〇〇〇)で論じられた「家族 - 市民社会 - 国家」の弁証法、すなわち愛他的な人的結合がみられた家族と、欲望の体系である利己的な市民社会(産業社会)とが矛盾・対立し、それを最終的に「人倫の最高形態」

である国家によって解決(「止揚」)するという見方(ヘーゲル流「国家内社会観」と呼びうる見方)です。高田は、こうしたヘーゲル流の国家闘争史観と国家内社会観によって、「世界社会」や「世界ないしは人類的結合」が忘れられていると考えていたのではないでしょうか。

しかしながら、前述のように、こうした高田の所説は戦後日本社会学のなかでは等閑視されてきました。戦後世界の冷戦構造など、無理からぬ点もあったのでしょう。さらに、理想論は理想論として、しかし現実世界のあり方には冷徹なまでに学問的・科学的(さらにいえば実証的)でなければならないという立場も強調されました。そうした立場の選択を簡単には批判できません。だが今日、米ソを中心とした冷戦構造は一応終結し、さらにグローバル化が進展して、さまざまな形で脱国家的な=トランスナショナルな動きが進行しています。だとするならば、そうした動きに学問も着目する必要があるし、そしてそのことが「理想論」と触れ合う点があるならば、なお一層のこと、それは重要な着目点となるのではないでしょうか。本章が論じようとするのは、この点への着目です。別の言葉を用いるならば、それは時代に対応した「社会のイノベーション」(第三章)であると表現できるかもしれません。どういうことでしょうか。さっそく本論に入っていきます。

冷戦終結から少したって、「国家の退場」(Strange 1996 = 一九九八)や「国家の衰退」、あるいは「国家の変容」といったことが語られ始めました。もちろん、いますぐに国家が歴史の舞台から退場するというのは、極論でしょう。国家はそう簡単にはなくならない、と考えるのが一般的です。また防疫や福祉などの機能の点で国家の存在理由も擁護されるでしょう。しかしそれは、国家をいかに捉えるかという問題、つまり国家の定義と深く関係する事柄です。退場するのは国家一般ではなく、とくに「近代国民国家」といわれる形態であるとか、あるいは植民地獲得のために帝国主義的な争いを繰り返してきた一九/二〇世紀型の国家だというのであれば、国家の退場論は納得できる点もあります。

近代国民国家に関していえば、かつて筆者はそれを「支配層による組織化された暴力と、国民という名の一定範囲の人びとから（通常は税の形で）収奪・蓄積した富という財力を管理・支配しつつ、国家的・国民的アイデンティティ（ナショナリズム）を持たせて支配の正当性を確保し、外部に向けては国家主権の承認を他国から調達し、他国との境界を定めて領土（国土）を画定し、さらに他国への対外戦争をも可能にする近代以降の構築物である」（西原・油井編 二〇一〇：二六九）と記したことがあります。もちろん、かつて藤田弘夫が述べたように、国家権力の機能としては、国民に対する「保障と支配」という両面をもつことは言うまでもないでしょう（藤田 一九九六）。したがって、萱野稔人が国家を論じるときには、「物理的強制力という手段」、「防衛活動と治安維持活動」、そして「国家の本質的活動としての徴税」（萱野 二〇一一：四三九）という三つの点で語っているのはかなり順当です。しかしながら、「防衛活動」は防衛のための先制攻撃という論理に象徴されるように、容易に「対外戦争」の論理と結びつきますし、「治安維持活動」も戦前日本の「治安維持法」に象徴されるような抑圧の装置となります。いずれにせよ、そうした点を考えてみると、国家とは、治安を維持して国民の生活を保障し、経済的発展に努めながら国民の幸福を増大させるとだけ語るのであれば、あまりにも安直すぎるでしょう。

右で記した筆者の近代国民国家の規定は、マックス・ヴェーバーの規定、すなわち「国家とは、ある一定の領域内で……正当な物理的暴力の行使を（実効的に）要求する人間共同体である」（Weber 1921 ＝ 一九六〇：一七頁以下）とか、アンソニー・ギデンズの規定、すなわち「国家とは、その法的支配が領土面で整然と確立され、支配維持のために暴力手段を発揮することが可能な政治的組織である」（Giddens 1985 ＝ 一九九九：三〇）といった定義をふまえて、見失われがちな国家論の論点を示しつつ、国民国家が近代という地平で社会的に構築されてきたものに過ぎない点を示すためのものです。

近代以前は、領土が画然と定められていないケースは多々ありましたし、世界全域がすべてどこかの国家の領土であったわけではありません。また統治の形も多様であり、朝貢システムにもとづく冊封制度をとっていた中華帝国や支配地域で大幅な自治を認めていたイスラム帝国などが存在していました。そうした点を勘案すると、一定範囲の人びとが国民としてまとめられ、かつ国家主権を妥当なものとして認め合い、対外的な交戦権を承認するシステムは、新たな一九／二〇世紀型の国家システムであるということができるでしょう。

まして、戦後に国際連合が機能し始め、さらに世界人権宣言や国際人権規約も一定程度ですが実質的に機能し始めている段階で、さらにはEUのような地域統合体が成立している段階で、すでに指摘したように、現代国家の「国家の頭上」には国家権力とは別の力が働き始めています。さらに「国家の足下」にも大きな変化が現れ始めています。それは、人びとが国境を越えてトランスナショナルに移動する時代が到来していることに象徴されていました。二〇世紀後半から、そして冷戦後の一九九〇年前後以降からは、この傾向がより一層明確になります。この点にもう少し論及しておこうと思います。それは「国家の変容」をさらに描くためでもありです。

一九九〇年ごろ以降、さまざまな分野でのグローバル化の進展によって、一国内だけではその国の「社会」を考えることがもはや「古い」と思わせるような状況が多くの場面で生じています。しかしながら他方、日本は世界でも稀なる単一民族であるとか、日本人であることに誇りを持て、といったような愛国的言説も根強くあります。京都や東京・新大久保などで繰り広げられた外国人差別の「ヘイトスピーチ」は論外だとしても、最近の週刊誌でも「売国奴」や「非国民」といった言葉が散見される状況は、いろいろ考えさせられます。これらのナショナリスティックな言説は、もちろん丁寧に分析される必要があるでしょう。

そこで、あらかじめナショナリズムの定義に関して記しておきましょう。「ナショナリズム」という言葉自身は、一九世紀初頭にヨーロッパで創りだされた学説であるという人もいますが、もっとも包括的で一般性のある定義は、アーネスト・ゲルナーが自分の著作の冒頭で示した「ナショナリズムとは、第一義的には、政治的な単位と民族的な単位とが一致しなければならないと主張する一つの政治的原理である」(Gellner 1983 = 二〇〇〇) でしょう。もちろん、ナショナリズムをめぐってはいろいろ議論があり、伝統的な民族性の核としての「エトニー」があると論じる人もいれば (Smith 1986 = 一九九九)、それは「創られた伝統」にすぎないという人もいます (Hobsbawm and Ranger (eds.) 1983 = 一九九二)。あるいは、ナショナリズムは産業化に伴って生成するという点を強調する人もいます (Gellner 1983 = 二〇〇〇)。

このようにみてくると、大澤真幸が述べているように、「ナショナリズムとはネーションを尊重する思想・規範の一形態である」とだけ言うのは確かにトートロジー (同語反復) 的で無内容に近いでしょうが、暫定的には、「ナショナリズムとは、ネーションおよびそれと等価な概念 (国名等) の価値を奉じる言説および実践の集合である」(佐藤茂基) といったようなまとめで考察を進めるしかないでしょう (大澤 二〇〇七、および大澤・姜編 二〇〇九：四四、参照)。あとは、個々のケースに応じて考察する以外にありません。

しかし筆者は、ナショナリズムは時代状況との関係で、少なくとも三つの理念型的な区別ができると考えています。それらは、次の通りです。

①抵抗と独立の拠点としてのアイデンティティ的なナショナリズム
②支配と侵略の道具としてのインペリアリズム的なナショナリズム
③対抗と競争の基盤としての「国家利益」最優先的なナショナリズム

少し説明を加えておきます。①は、他国による植民地支配に抵抗すべく自らの「民族性」を覚醒させながら、内部のまとまりを作り上げて宗主国と交渉し抵抗・反撃しつつ独立を勝ち取る際のナショナリズムです。一九五〇—六〇年代のアジア・アフリカ諸国の独立の際に見られたナショナリズムの多くはこうした形のものでした。また、近年の西欧における地域文化的なアイデンティティ運動でも一部みられるものです。それに対して②は、むしろ自国における自らの支配を確立・維持し、対外的な侵略を正当化するために、他国・他地域の人びとを敵対視してエスノセントリック(自民族中心主義的)に、自国の優秀さなどの独自性を強調すべく内部を固めて発動されるタイプです。「皇国日本」が分りやすい例でしょう。最後に、③はその中間にあたるともいえますが、他国の何らかの脅威に対して、「国家利益」(=「国益」)を優先すべく自国の内部をイデオロギー的に固めて対抗しようとする主義または運動です。後述するように、戦後の日本のナショナリズムの大部分はこの理念型の展開例だと思われます。

いずれにせよ、以上のようにナショナリズムの定義に関しては、最大公約数的な形で押さえておいて、あとは個別の具体例に即して考えていく以外にないでしょう。そこで、以下では戦後日本の場合を一つの例として取り上げて、考えていきましょう。

筆者としては、近年の日本のナショナリスティックな言説は、小泉政権から安倍政権にも通底する「国益優先型ナショナリズム情況」だと考えています。いまここでは詳しい説明を述べるだけの紙幅はありませんが、筆者は、戦後日本のナショナリズム情況を次のようにまとめておくことができると考えています。

①敗戦による政治経済や社会文化の荒廃状態から、経済再建・経済復興の掛け声の下、日本社会の立て直し(だけ)をひたすら願い努力した時期のナショナリズムである「再建復興型ナショナリズム情況」(一九四五—六〇年ごろ)。もちろん、日本の経済だけでなく、日本における政治や社会や教育などの民主化を推し進めつつ、同時に、法秩序も立て直すべく、いわゆる「五二年体制」と呼ばれることもある一九五〇年から五二年にかけての「国籍法」や「外国人登録法」などの法制

化による法的な「外国人排除」もこれに絡みます。単一民族神話の始まりです。

②次に、いわゆる六〇年安保による冷戦期の国家指針をめぐる左右両派の争いと、その後の高度経済成長路線に基づく、日本独自の発展（だけ）に邁進した時期のナショナリズムである「成長志向型ナショナリズム情況」（一九六〇―七五年ごろ）。所得倍増計画、豊かな社会、昭和元禄など、日本の経済成長を喜ぶと同時に、「タテ社会」や「甘えの構造」といった日本人論の隆盛に象徴的な国家内的（intra-national）な志向が象徴的です。「日本の発展」を願うという意味では、日本社会批判や日本革命を目指した七〇年前後の学生運動でも、こうした「日本志向」が少なからず見られたように思われます。当時の学生に人気のあった「五つの赤い風船」というフォーク・グループは「遠い世界に」という歌のなかで、「ここが日本だ、私の国だ」と日本を強調していました。

③そして、七〇年代のオイルショックを乗り切って経済大国化した日本の自負心と、諸外国からの貿易問題等のバッシングに対抗し、「Japan as No.1」と語りつつ自己防衛する（だけ）のナショナリズムである「批判対抗型ナショナリズム情況」（一九七五―九〇年ごろ）。「ウサギ小屋」に住むエコノミック・アニマルという諸外国からの批判に対しても、むしろ日はまた昇る式の自信を日本人が回復してきた時期でもあります。とくにプラザ合意後の八〇年代後半からのいわゆるバブル経済（財テク、土地転がしなどで実体を伴わない投機的な経済活動の時期）で、アメリカの大きなビルをも手に入れてしまう経済力をもった「素晴らしい」日本という誇りも加わりました。

④さらに、バブル崩壊で大きな痛手を負いながらも、九〇年代以降、グローバル化が進展して身近な外国との交流が始まりつつあった段階で、これまでの日本社会内部からの政治批判／あるいは戦前的な軍国主義への批判からくる左派的・進歩的な思考に対して、他国からの戦争責任問題追及にも過敏かつネガティブに反応しつつ、日本の歴史的・伝統的な固有性を強調する（だけ）のナショナリズムである「自虐批判型ナショナリズム情況」（一九九〇―二〇〇五年ごろ）。も

ちろん、ここには「新しい歴史教科書をつくる会」（一九九六年の結成）の活動が絡んでおります。

⑤そして最後が、上述したような、経済成長する他国の脅威（とくに中国・韓国の発展）を前にして、高度成長があまり望めなくなった段階で、経済の巻き返しを試みつつ国家利益（国益）を最優先しようとする（だけ）のナショナリズムである「国益優先型ナショナリズム情況」（二〇〇五年〜）です。ここでは、小泉改革後の、「美しい日本」を強調する（第一次、第二次）安倍内閣の（たとえば原発の諸外国への売り込みから安保法制に至るまでの）志向性もさることながら、いわゆる「在特会」（「在日特権を許さない市民の会」：二〇〇七年一月発足）のヘイトスピーチまがいの活動がメディアでもしばしば取り上げられるようになります。また、東日本大震災後の（「日本人も」ではなく）「日本人はすごい」式のサッカー選手の発言も気になります（エピローグも参照）。

二〇二〇年のオリンピック開催も控え、現時点（二〇一五年一二月）までの第二次安倍内閣当初の高い支持率（とはいえ五〇％前後）での成立・維持からも明らかなように、多くの国民が「日本の国益」を優先し、そして領土問題にも深く関心をもって、同時に「××人は好きではない」（好感度調査）とか、「日本人はすごい」式の発想を、ほとんど批判的な検討もなしに常套句のように語りがちな心性が気になると述べておきます。というのも、すでに示唆してきているように、日本の「単一民族神話」は戦後の構築物ですし、それ以外にも「国益」は本当にいま最優先されるべきなのか（「国際益」を考えるべきだという声はかき消されそうです）、あるいは「日本は……」「日本人は……」と語る場合、比較対象とされているのはどこの国の人なのか、こうしたことは明示的に語られることは少ないと思われます。

二〇世紀のアメリカの成長、ドイツの戦後復興、中国の世界市場進出、韓国の比較的最近の民主化と発展、台湾の頑張り、などがすぐに思いつきますが、「日本人は」というときは、「〇〇人はダメだが、日本人はすごい」のでしょうか。政府の教育費支出はＯＥＣＤ最低とか国連開発計画（ＵＮＤＰ）の「人間開発指数（ＨＤＩ）」は世界二〇位（いずれも二〇一五年）といった指標を考えると素直には肯けません。社会科学とくに社会学を専攻する者にとって、根拠のない「一般論」や「決めつけ」あるいは「常識」や「通説」などで語ることの問題性を自覚的に問う必要があります。国を愛する気持ちとナショナリスティックな決めつけ（イデオロギー）は区別すべき事柄です。

さて、話を本論に戻すことにしましょう。すでに本書で述べてきたことから比較的容易に理解していただけるものだと思われますが、筆者は「社会」（society; the social）を狭く捉えるつもりはありません。「社会」概念がいわゆる社会契約説（social contract theory: 本来は、国家契約説と訳すべきだと筆者は考えていますが）を経て、アダム・スミスの商業社会（commercial society）やその後の産業社会（industrial society）の議論となり、そしてすでに触れたようにヘーゲルによって「市民社会」（Bürgerliche Gesellschaft）として語られてきました。その場合、社会概念にとっては国民国家の存在が前提になっていました。個人ないしは家族と国家とをつなぐ社会、というわけです。

そこで、イギリスのサッチャー元首相のいうように、男と女からなる家族や国家は存在するが、「社会などといったものは存在しない」（There is no such thing as society）という言説も飛び出してきます。あるいは「中国には社会がない」（個人や国家は存在するが市民社会は形成されていないといった趣旨）という表現もあります。そこからも明らかなように、「社会」は名目に過ぎないという社会名目論的な考え方と、「社会」は現実に存在するものだという社会実在論的な考え方の対立も、社会学では見られました。筆者自身は、実在するのは人びとの行為のやり取りである相互行為だけであり、社会なるものは（ヴェーバー風にいえば、「国家」や「国民」さらには「家族」なども）「形象」であって、「これらの形象はただ個々の人間の特有な行為の経過および連関であるにすぎない」（Weber 1921 = 一九五三：二二頁）という立場に立ちます。その場合の「社会」、つまり人びとの相互行為の種類、範囲、あり方などもまた――国家と同様に――生成・変容するものであるにもかかわらず、これまでは国家内の市民社会ないしは国民社会として、物象化されて「国家内的」に把握されてきました。

筆者のいう「国家内社会概念」(concept of society within a nation state あるいは concept of intra-national society)です。それは、一九／二〇世紀型の概念に過ぎません。決してそれは永久不滅の概念ではなく、時代とともに変化するものです。それは「自然な」ものではなく、人為的なものです。「社会」を、物象化され固定化された概念としてではなく、人びとの行為の関係性、つまり人びとの行為のやり取りである社会的な(social)「相互行為」としてその生成の現場から捉えなおすこと。そうすれば、いまある社会的な相互行為は、グローバル化が顕著な移動の時代には、国家という枠を超えてトランスナショナルな場面でも展開され、そこに国と国との国際関係(inter-national relationship)ならぬ人と人との人際関係(inter-subjective relationship)に基づくトランスナショナルな社会形成がみられることが見えてくるでしょう(Nishihara 2013)。国家および社会といった概念の(学問的概念規定も含めた)類型化的な物象化を批判的に再検討し、現在において生じている動きを見ようとすると、二一世紀の今日、トランスナショナルな「移動」という動きは現実のものとして重要な視点となるわけです。

## 二　日本の多文化共生と外国人政策

その意味で、じつは「文化」という概念も、実体化され、固定化され、物象化されがちなものです。俗に、文化には精神文化や物質文化があるなどといった区分もありますが、文化も現実には人びとの行為場面以外に生じることはありません。芸術作品のようにモノ化されたもの確かに存在しますが、それも発生的には芸術家の行為の所産です。そしてその行為も社会的なもの(芸術家の行為が成立するさまざまな社会関係の存在が前提になっています)ですが、いまここで着目したい重要な点は、そうした相互行為のあり方それ自体も、時間・時代とともに推移する「こと」だという点です――それは「もの」ではありません、コトなる「事」態が成立し、それが第三者的・事後的に物語られてモノとなるといってもよいでしょう(なお、この点は、廣松二〇〇七、西原一九九八、なども参照してください)。

そう考えてくると、「文化」とは「文-化」することによって、最初から物象化の運命を負っています(その意味では「社会」や「国家」も同一ですが)。したがって、文化をさらに語ろうとすると、それなりの前提となる議論を踏まえなければなりません。そこで、ここではこの点に立ち入ることは控えて(第五章で詳しく論じます)、この問題を「多文化共生」との関係に引き寄せて、考えてみたいと思います。つまり、ここではむしろ本章での本筋に立ち返って、そうした相互行為の現代的な変容という問題と、そこから見えてくる未来の社会への視点を見ていこうと思います。

国際連合の人口統計局(United Nations Statics Division:http://unstats.un.org/unsd/default.htm)によれば、二〇一〇年には国外への「移民」の数は約二億一四〇〇万人だとされています。一九六五年には七五〇〇万人であったことを考えれば、ここ半世紀近くで約三倍になったことになります。「国際移民の時代」(Castles and Miller 2009＝二〇一一)と呼ばれるゆえんです。しかしながら、国連のこのデータは、一年以上のあいだ外国にいることを基準としていました。この基準では、前述のように半年程度外国で働くいわゆる季節労働者や日本の短期の技能実習生は捉えられません。さらに、労働面だけでなく、国際留学生や国際養子、さらには長短期の海外旅行者などのトランスナショナルな移動者を含めると、その数値はさらに上がるでしょう(King 2010＝二〇一一、参照)。

今日私たちはウェブ上で、ＩＯＭ(International Organization for Migration: 国際移住機関)や Peoplemovin: migration flows across the world (http://peoplemovin/#!)、さらには日本の総務省統計局 (http://www.stat.go.jp/index.htm) や The Atlas for Emigration (http://emigration-atlas.net/society/emigration.html) など、公的ないしは私的な機関が発する興味深い情報を得ることができます(上記はいずれも二〇一五年九月末時点)。たとえば、右の Peoplemovin は二〇一〇年の The World Bank Open Data などのデータに基づきながら、世界の移民の数が二億人余りで、それが世界人口の三・一五%であることを示しながら、さらにこれまでの「移民の目的地トップテン」(移民受入国)として次のようなデータを挙げています。すなわち、その1位はアメリカ(約四二七九万人)で、以下、ロシア、ドイツ、サウジアラビア、カナダ、イギリス、スペイン、フランス、オーストラリア、インドと続き、さらに出移民の多い国(移民送出国)として、メキシコ(約一一八六万人)で、以下、インド、ロシア、中国、ウクライナ、バングラデシュ、パキスタン、イギリス、フィリピン、トルコ、といった国を挙げるなど、たいへん興味深いデータも示しています。ただし、先に述べたように、包括的な統一的データ提示はなかなか難しい面があります。

そこで本章では、ここからは日本に焦点を合わせて、いくつかの興味深いデータを示すことで、その後の議論の足掛かりにしたいと思います。すでに別のところで記したことですが(西原二〇一三a:一四)、今日、日本に居住する外国人は二〇〇万人を超えています。最新の数値は二一七万人(二〇一五年六月、法務省調べ)です。一九九〇年には約一〇〇万人でしたので、二倍です。滞日の外国人留学生においては、一九九〇年の約四万人が現在は一六万人ほどになり、約四倍になっています。留学生が一万人程度の一九八〇年代初めに留学生一〇万人計画が策定され、二〇〇三年にようやくその数を超え、現在は二〇二〇年をめどに留学生三〇万人計画が進行中です。訪日の旅行者数に目を向ければ、一九九〇年には約三〇〇万人でしたが、二〇一三年にはついに一〇〇〇万人を超え、二〇一五年には一気に二〇〇〇万人という数字が現実味を増しています。これもまたここ四半世紀で六倍以上に増えようとしています。二〇二〇年には二〇〇〇万人到達という政府目標はそれ以前に達成される勢いです。円安や、二〇二〇年の東京オリンピック開催が決定してから、ビザ発給条件の緩和をはじめとして多様な形で外国人誘致の活動も進展しており、増加傾向はさらにしばらく続くと思われます。

とはいえ、先にも示しましたが、現在の日本の外国人居住率は約一・七%であり、欧米諸国の平均一〇%程度(OECD加盟国の欧米のデータからは、外国人居住率は七%〜一四%にほぼ収まります)からみれば、極めて低い数値であるといえます。日本が「閉ざされた国」だといわれてきた所以だとも指摘しました。さらに日本は、難民の受け入れ数もきわめて少ないことで世界的にも有名です。この点に関連していえば、日本が単純労働に従事する外国人労働者を認めていない現状も「労働鎖国」として知られて深く関係しています。もちろん、じつは少なからぬ数の単純労働者が「現実には」日本で働いています。その多くは都市部の小さな工場等に見られる光景ですが（さらに留学生等のアルバイトもいます。大都市の居酒屋やコンビニに外国人をしばしば見かけるようになりました）、一部は農村や漁村でも見られます。その数は、すべて合計で一〇〇万に近いといわれています。そのうちの約一五万人は、かつては「研修生」と呼ばれ、二〇一〇年以降の現在は「技能実習生」と呼ばれる存在です。つまり、「サイドドア」から入国した単純労働者です（鈴木二〇一六、参照）。これにさらに「バックドア」から入国し（たとえば観光ビザで入国し）、「不法に」滞在して単純労働に従事する人びと――非正規滞在者とも呼ばれています――も数万人いるとみられています。そして、二〇二〇年のオリンピックに向けて政府は、土木・建築業を典型として、これらの技能実習生の職種や数を増大させ、さらに滞在期間を三年から五年へと延長し、しかもこれまでは不可であった技能実習生としての再来日を認める政策を模索しています。現に、二〇一五年からは建築分野での技能実習生が認められ、そして外国人家事労働者（家政婦ないしお手伝いさん）の導入も特区を設けて認めようとしています。二〇〇八年から始まった、看護・介護の領域での外国人の導入もよく知られています。こうしたやり方には、いろいろ批判もあるのですが、少なくとも現代日本は、事実上の「開国」（第三の開国とも呼ばれる）政策を実行しようとしているとみて間違いないでしょう。それゆえ、日本もまた確実に「多文化社会」化の道を歩んでいるとみることができます。

そこで二〇〇六年には、総務省のプロジェクトチームが「多文化共生」を明確に語り出しました。そのチームの報告書「多文化共生の推進に関する研究会報告書～地域における多文化共生の推進に向けて～」では、「地域における多文化共生」が、「国籍や民族などの異なる人々が、互いに文化的ちがいを認め合い、対等な関係を築こうとしながら、地域社会の構成員として共に生きていくこと」と定義されました(総務省二〇〇六)。

ちなみに、別の所でも書きましたが(有田ほか編二〇一六)、日本の外国人政策あるいは多文化(社会)政策は、政府(国家)がほとんど関わらない形で進んできました。もちろん、国や政府は「国際化」の重要性を感じ、一九八九年には旧自治省(現総務省)が「地域国際化推進指標」を策定して「内なる国際化」を進めようとしました。さらに一九九七年には「人権施策にかんする国内行動計画」を発表して、そのなかで女性・子ども・高齢者・障害者・同和問題・アイヌの人びと・HIV感染者・刑終えて出所した人に加えて、はじめて「外国人」が登場することとなりました(柏崎二〇〇九、参照)。

とはいえ、具体的な施策は、地方に丸投げ、です。とくに二〇〇一年からは浜松市をはじめとする外国人の多い地方自治体が集まって「外国人集住都市会議」を発足させました。その団体は知恵を絞りながら、国や地方自治体だけでなく、一般の人びとにも情報発信を続けてきました。そうしているうちに、二〇〇六年には総務省関連の研究会が前述の報告書を公表したこと、そしてその年にいくつかの国の方針が出たこともよく知られています。しかし、日本において「国際化」とは、日本が、欧米など先進国と対等に渡り合っていくための(つまりこの面で欧米に追いつくための)過程であるかのように、自国中心で語られがちでした。さらに多文化共生も、基本的に外国人居住者に「地域」での同化を求めるかのようなニュアンスを伴っていました。これでは「真の国際化」(仮にそういうものがあるとしてですが)とは距離があるといわざるを得ないでしょう。

ただし、地方のそうした努力もあって、ようやく二〇〇九年に、内閣府において「定住外国人施策推進室」が設置され、そして二〇一二年には高度技術者の受け入れを意図した「ポイント制度」(技能、学歴等の一定の基準をクリアした人だけを受け入れる)の導入が始まりました。そして、少し前に触れましたが、二〇一五年からは「外国人建設就業者受入事業」

も始めたのです。ちなみに、安倍内閣は「女性が活躍する社会」や「一億総活躍社会」なる標語を掲げて、じつは労働力不足に対応する政策を打ち出しています。「女性が活躍する社会」とは、男女平等を唱えるようで美しく聞こえますが、要するに女性労働力を労働市場に引き出して、その活用を図る面が強いものです。だが、女性の市場進出によって手薄になりがちな家事、育児、介護などの「家事労働」「ケア労働」の領域は、外国人労働力を導入して補填するという方向で動いています。ただし、外国人女性ケア労働者は、出身国で家族を持っている人も多く、その人たちの家族は農村部からの安価な「ケア労働力」で埋め合わせをしていく、いわば「ケア労働の連鎖」がグローバルに生じていることが指摘されています(宮島ほか編 二〇一五、参照)。外国人労働者の問題を、日本社会の問題だけで考えてはならないということがここでも示されているように思われます。この点に関して、さらに関連事項を記しておきましょう。

それは日本における国際結婚の動向です。とりわけ特徴的なのは、夫日本人・妻外国人のカップルが一九七〇年には年間二千組程度、一九八〇年には四千組程度であったものが、一九九〇年には一気に二万組にまで増加し、さらに二一世紀の〇〇年代には三万組台となっていた点でしょう。しかも、その際の女性(妻)の出身国を見ると、ここ二〇年ほどは中国人が第一位となっており、ピーク時には夫日本人・妻外国人の組み合わせのほぼ三分の一を占めるようになっていました。

こうした動きは現在、二〇〇八年のリーマンショックや二〇一一年の東日本大震災などの出来事で減少傾向にあるものの、そこで生まれた次世代の子どもたちを含めて、日本社会が「多文化社会」化する傾向をはっきりと見てとることができるでしょう。それゆえ私たちには、こうした社会の変化、つまり一種の「社会変動」を――肯定・否定を含めて――どのように考えるべきなのか、という問いが突きつけられています。なぜならば、一方で「外国人労働者」や「移民」の受け入れを歓迎する動きがあり、他方でそれらを拒否ないし排斥する動きもみられるなど、両極端の反応が日本でみられるからです。ただし、筆者のここでの問題意識は、日本の発展のために、こうした外国人の「受け入れ」に賛成なのか反対なのかという論点ではなく、これら賛成派と反対派の双方において、重要な「議論の欠落」があるのではないかという点にあります。どういうことなのでしょうか。この点を含め、次節で検討を加えてみたいと思います。

## 三　移民への視角――その主観的世界

ここ三〇年ほど、日本から海外旅行に出かける人の数も――日中関係や日韓関係、あるいは景気の動向などに左右されるとはいえ――上昇傾向にあり、二〇一〇年代前半もほぼ一六〇〇万人から一八〇〇万人の幅で推移しています（観光庁ホームページの統計情報・白書による：http://www.mlit.go.jp/kankocho/siryou/toukei/in_out.html）。これも、一九八〇年代前半の四〇〇万人前半、一九九〇年前後に達した一〇〇〇万人からみて確実に上昇しているといえるでしょう。さらに、日本の人びとの意識という点から見ても、興味深い変化もみられます。象徴的な例だけを挙げるとすれば、ここ数年、テレビ番組において外国で活躍する日本人の番組（たとえば朝日放送二〇一三年四月五日放送開始の「世界の村で発見！こんなところに日本人」）や日本に来る外国人（たとえばテレビ東京二〇一二年六月三〇日放送開始の「You は何しに日本へ？」）など、外国がらみのバラエティ番組が目立ちます。あるいは日本の大学入試において、たとえば東大合格者を多数輩出する「進学校」と呼ばれる高校で、東大・京大等へ行かずに外国の大学（たとえばハーバード大学）へ進む受験生がみられるようになってきたことも話題となっています（『週刊ダイヤモンド』二〇一四年一〇月一四日号）。これらは、日本と外国の距離が日本の人びとの間で近いものになっていることを示す象徴的な例でしょう。

とはいえ、日本はすでに明治元年から「元年者」と呼ばれる「ハワイ移民」を送り出すなど、移民送出国でした。すでに筆者は、こうした出移民の概略に関して論考を著しているので（西原・芝・小坂二〇一四、Nishihara and Shiba 2014など）、ここではその詳細について記しませんが、「出移民」の動きは、一九八〇年代中ごろから新たな形で活発化してきている点は再確認しておきたいと思います。それは、オーストラリアやカナダなどで始まった「ワーキングホリディ」制度も活用して渡航し、その後そこに住みついたり、その時期以降、外国人と国際結婚してそれらの国に居住するようになった人びとがいるからです。いわゆる「新移民」と呼ばれるこうした移住者は、かつての日本移民が生活苦からの脱出を夢見て新天地に雄飛しようとした悲壮な思いはそれほどなく、いわば自分の生活・人生の一部として外国ライフを楽しむ人びとのように見えます。

筆者は、二〇一三年と二〇一四年に各々二回計四回にわたり、所属校の助成金も受けて、ハワイおよびバンクーバーに出かけて、そうした「新移民」にインタビュー調査をおこなうことができました。そのなかから、興味深い事例を各々二、三例、簡潔に示してみましょう。

まずハワイでは、アメリカ人男性と結婚してモロカイ島に居住している日本出身女性であるYさんに話を伺いました。彼女は、二人のお嬢さんを現地で育てながら、そこで観光ガイド役も担い、自宅の一室を旅行者（おもに日本人）に有料で開放している方です。モロカイ島の自然に魅せられ、人脈的にも現地にすっかりと溶け込んでいる印象が強く、生き生きとした生活態度に驚かされました。もう一例はオアフ島に一〇年前に移住し、日本式居酒屋を開店しているKさん夫妻です。彼らは国籍を変えてはいませんが、現地に溶け込み、お店も順調で、すでに他にも二店舗を設けるまでになっています。ハワイという日本人観光客が多数訪問する土地柄とはいえ、このご夫婦は日本との生活の違いに違和感なく溶け込み、充実した日々を送って、さらなる店舗の拡大を目指しているとのことでした。

他方、バンクーバーにおいては、戦時中に敵性外国人として強制収容所に送られた日系の人びとが戦後のリドレス運動（アメリカおよびカナダで起こった名誉回復と損害倍書を求めた運動）の成果として得た補償金をもとに建てられた、いわゆる「日系センター」（正確には、Nikkei National Museum and Cultural Centre）が、日系一世や二世のための老人施設を併設する形で存在しています。一階の大きなフロアと移民資料室を兼ねるスペースと、一、二階の現地日系人用の各種施設をもった立派な建物です。そしてそこには、主に国際結婚をした日本人（ほとんどが女性）が子どもたちの日本語学習を中心に集っています。そこでも筆者は一〇名を越える人びとに聞き取り調査をおこないました。たとえば、Sさんは静岡出身で、日本でカナダ出身のご主人と知り合って、結婚と同時にカナダに移住しました。現在は、この日系センター近くの閑静な住宅地に居を構え、静かな緑あふれる自然環境のなかで三人の娘さんを育てています。娘さんたちはすべて、多言語教育の国カナダらしく英語とフランス語を学校で学びつつ、さらに日本語も同センターなどで学んでいる「トライリンガル」な子どもたちです。もう一人のTさんは、夫婦ともに日本人で国際結婚ではありませんが、それまで日本でやっていた歯科関係の仕事をカナダでも続けて、子どもをカナダで育てています。Tさんは、二重国籍を認めていない日本に対する不満を述べながらも、カナダでの生活を楽しんでいるようでした。さらにUさん。彼女はワーキングホリディでカナダに来て、その後ここに戻って住みつき、カナダ人と知り合って国際結婚し、男の子を育てています。その子は、日系センターに合気道を習いに来ており、目鼻立ちは明らかに欧米系ですが、日本が大好きで、大学教育は日本で受けたいという希望を持っていました。

こうした事例に関して、ここでさらに細かく記すことは可能ですが、本書ではここまでとしましょう。そこ代わりに、ここでは、こうした事例から見えてくる「傾向」を、以下で示してみたいと思うからです。すなわち、以上の事例に共通にみられたのは、第一に、彼女らほぼ全員が「日本人だからこうしなければならない」とか「日本人としての礼儀作法」といった慣習・規範から距離を置いていると語った点です。さらに第二に、これらの人びとには、日本国外に住むことへの「こだわり」がないという点です。おそらく、移住者を受け入れるハワイおよびバンクーバーという場所が、そうさせているのだろうと思われます。この調査とは別に、強制移住でバンクーバーから四百キロの地に送られ、その後そこに住み着いている戦前からの日系移民の方々にお話を伺った際も、カナダの住みやすさを強調していました。隣はドイツからの移住者、その隣はアイルランドからなど、さまざまな出自の人びとが同じ地域で暮らしておりました。そこで、第三に、「新移民」の方々が共通に口にしたことは、日本の生活の「息苦しさ」です。親戚づきあい、会社や学校、あるいは通勤電車や近所付き合いなど、さまざまな例が挙げられましたが、日本社会の人間関係や社会関係の煩わしさは、彼女らの多くが強調した点でした。それは、自由な生き方を自ら選択してトランスナショナルに移動し、かつその地での生活に意義を見出している人びとの様相であったと言えましょう。そして何よりも、少なくともこうした「新移民」第一世代のもつ、外国で多言語を操る第二世代（子ども世代）を頼もしく思うような感性がとても印象的でした。

以上の例は、もちろん一部のインタビュー調査の事例に過ぎず、移住や国際結婚などに失敗して失意のうちに日本に帰国する例も少なくはないでしょう。事実、国際離婚にともなう子どもの養育問題は、国際的な問題ともなっています。とはいえ、ここではむしろ、これまでの旧移民には見られない「新たな傾向」としてのトランスナショナルな生き方の選択という面に光を当ててみたかったのです。こうした傾向は、すでに日本の研究者によって、「文化移民」（藤田二〇〇八）であるとか、「自分探し」（加藤二〇〇九）のトランスナショナルな移住者、さらには「日本社会からの逃避」や「ライフスタイル移住」（長友二〇一三）などとして語られてきています。

さてそこで、ここでとくに着目したい社会学的含意は何かという点について、前節までの日本社会の変容と合わせて、次章以下で考えてみたいと思います。ただし、その際に、この社会学的含意について語る筆者自身の立ち位置についてさらに述べておく必要があるでしょう。それは、一言でいえば「社会のイノベーション」です。そこで次の章では、この立ち位置についても論じることにします。

# 第三章　社会イノベーションという視点とトランスナショナリズム

## 一　イノベーションという言葉の変容

そこで、ここからは社会のイノベーションについて論じます。それにしても、なぜいま「イノベーション」という言葉を使用して社会の変動を考えようとするのでしょうか。この点から述べなければならないでしょう。

まず「イノベーション」とは何か。一般に、イノベーションという言葉は、「本来の意味は新しい方法，仕組み，習慣などを導入することをいい、〈新機軸〉〈革新〉と訳される」とされて、すでに一八世紀の産業革命に際しても「この時代は気ちがい（ママ）のようにイノベーションを追い求めている」と語った人もいるようです（以上は、『世界大百科事典』第二版の解説）。しかし、イノベーションを学問的な意味で使用したのは、オーストリアの（のちにアメリカでも活躍した）ヨーゼフ・シュンペーターです。

シュンペーターは著書『経済発展の理論』のなかで、「『発展』とは、経済が自分自身のなかから生み出す経済生活の循環のことであり」、「人口の増加や富の増加」あるいは「自然的与件の変化」といった「外部からの衝撃によって動かされた経済の変化だけでなく、『自分自身に委ねられた』経済に起こる変化とのみ理解すべきである」と述べています(Schumpeter 1926: 95 = 一九六二：一七頁以下)。つまり、(経済)発展においては、外的な要因よりも内的な要因が主要な役割を果たすと考え、「われわれの意味する発展の形態と内容は新結合の遂行(Durchsetzung neuer Kombinationen)という定義によって与えられる」と述べました(Schumpeter 1926: 100 = 一九六二：一八二)。そして彼は続けて次頁で、「新結合」の五つの場合を示しています。すなわち、筆者なりにまとめでいえば、①新しい財貨や品質の生産、②新しい生産方式の導入、③新しい販路の開拓、④原料等の新しい供給源の獲得、⑤新しい組織の実現、です。

ただし、この著作においても述べられたように、ここでの議論の重要なポイントは、「駅馬車から汽車への変化のように……その枠や軌道そのものを変更し……他の種類の変動を経験する」(Schumpeter 1926: 93f. = 一九六二：一七一)ことであり、一種のパラダイム転換を考えていたと思われる点にあります。そしてまた、別の著作で彼が述べたように、「ここでの本当の問題は、資本主義がいかにして現存構造を創造しかつ破壊するかということである」(Schumpeter 1950: 84 = 一九七七：一五三)という点もきわめて重要です。よく知られているように、これが「創造的破壊(creative destruction)」です。つまり、シュンペーターの議論の興味深さは、単に生産性の向上を目指す手段を示したことではなく、資本主義の本質、そして変動・変革の中心的事態、つまり「枠や軌道そのものの変更」や「他の種類の変動」を「創造的破壊」に見ていく、そのスタンスにあると筆者は考えております。ですからシュンペーターは、「創造的破壊」＝「新結合の遂行」を「自らの機能とし、その遂行に当たって能動的要素となるような経済主体」として(単なる経営管理者ではない)「企業者(Unternehmer)」(Schumpeter 1926: 111 = 一九六二：一九八頁以下)を語ると同時に、「創造的破壊の過程こそが資本主義の本質的事実である」(Schumpeter 1950: 83 = 一九七七：一五一)と述べることになったのです。

したがって、そうした着目点から筆者自身は、シュンペーターの考えを単に経済学・経営学的に捉えるだけでは、「イノベーション」の今日的な用法をカバーしきれないと考えています。そこで、以下では、二一世紀日本における「イノベーション」の使用例を検討して、この点を考えてみたいと思います。

第一の例として挙げられるのが、二〇〇六年九月二六日に（第一次）安倍内閣が発足し、そこで「イノベーション担当大臣」というポストが新設され、高市早苗内閣府特命担当大臣（当時）がこの任に指名されて、「イノベーション25」というプロジェクトが開始された事例です。そのことを周知させるホームページは、いまも読むことができます。そこには次のように記されています。「イノベーション（innovation）の語源は、ラテン語の“innovare”（新たにする）（＝“in”（内部へ）＋“novare”（変化させる））とされています。日本語ではよく技術革新や経営革新などと言い換えられていますが、イノベーションはこれまでのモノ、仕組みなどに対して、全く新しい技術や考え方を取り入れて新たな価値を生み出し、社会的に大きな変化を起こすことを指します。二〇二五年に向け、目指すべき社会の形とイノベーションを考えるのが『イノベーション25』の目的です」（ただし、数字の表記を一部縦書き用に変えてあります。以下同様。http://www.cao.go.jp/innovation/：二〇一四年四月一日閲覧）。

そして具体的に、内閣府は、「世界のモデルとなる二〇二五年の日本の姿」として、

①生涯健康な社会
②安全・安心な社会
③多様な人生を送れる社会
④世界的課題解決に貢献する社会
⑤世界に開かれた社会

の五つを挙げていました（http://www.cao.go.jp/innovation/innovation/point.html：二〇一四年四月一日閲覧）。ここから分るように、明らかに以上は――その内実は何であれ――経済に狭く限定されたイノベーションの使用法ではありません。

さらに第二の例は、二〇一〇年三月一一日に、民主党政権下で政治主導を実践する「行政刷新会議」が設置され、そこにおいて、①グリーンイノベーション（環境・エネルギー分野）、②ライフイノベーション（医療・介護分野）、③農業の三つのワーキンググループの設置といった政策が示されたことです。グリーンイノベーション、ライフイノベーションという用法は、単に経済的なものではありません。むしろ住宅問題を含めて、そこでは私たちの生活に直結する「社会環境」が主題とされているといってよいでしょう（それらのワーキンググループの審議内容はいまもウェブ上でみられます。たとえば、第一回のグリーンイノベーション・ワーキンググループの内容に関しては、http://www.cao.go.jp/sasshin/kisei-seido/meeting/2010/green/0405/agenda.html を参照：二〇一四年八月三〇日閲覧）。なお、二〇一二年一二月二六日に発足した第二次安倍内閣以降、首相は、「産業競争力会議」での挨拶をはじめとして多くの機会に、アベノミクスの成長戦略のモットーとして「チャレンジ・オープン・イノベーション」を掲げていることも付け加えておきます。

最後に、学部レベルで「イノベーション」という言葉を初めて使用した成城大学社会イノベーション学部（二〇〇五年四月発足）では、初代の学部長が、イノベーションという言葉が国語審議会では「技術革新」と訳され、行政では「経営革新」と定義されることを紹介したのちに、「しかし、イノベーションを論じた多くの文献が示唆しているように、その内容は広範であり、単なる『革新』ではない」としています（村本 二〇〇五：一二二）。そこで初代学部長は、「知識創造による新価値の創出」とか「知識創造によって達成される技術革新や経営革新などにより新価値を創造する行為」などとも表現しながら、「社会イノベーション学部では『新しい価値創造』をイノベーションとしてとらえて、社会を動かす原動力として認識し、その社会に及ぼす影響、それを生み出す力などを分析することとした」と述べています（同書、同頁）。さらにその後の歴代の学部長も、大学の広報冊子などでも明らかですが、社会に新しい価値を「創造」し「普及」させることを「イノベーション」として捉えています（各種の学部紹介パンフレット、あるいはＨＰでも確認できるでしょう）。

こうして政界や学界などにおいても、「イノベーション」はかなり広義に捉えられていることがわかります。しかも、メディアでは、たとえば二〇一四年四月一二日（土）午後六時から放映のフジテレビ「めざましどようび」の番組タイトルは、六年がかりの新企画として、「世界をイノベーション！」でした。ここにおいては、「イノベーション」がむしろ「ソーシャル・イノベーション」の意味合いで用いられているように思われます。現に日本でも邦題『誰が世界を変えるのか――ソーシャルイノベーションはここから始まる』（Wesley, et al. 2006＝二〇〇八）など、変革とソーシャル・イノベーションを結びつける著作も多数出版されています。では、ここでいう「ソーシャル・イノベーション」ないしは「社会イノベーション」とは何でしょうか。

二〇一三年、フランク・モラートを筆頭編者として、The International Handbook on Social Innovation: Collective Action, Social Learning and Transdisciplinary Research. が刊行されました（Moulaert, et al. 2013）。この英文のメインタイトルを訳せば、『社会イノベーション国際ハンドブック』となるでしょう。副題は、「集合行動、社会的学習、脱領域的研究」となります。

その序章で、編者らが示した最新の定義的説明を示しておきます。分りやすくするために、少し意訳してみましょう。すなわち、

> 私たちが社会イノベーション（ＳＩ）というとき、私たちは、排除・剥奪・疎外・より善き存在様態の欠如といった問題のすべてに対する、受け入れ可能で前向きな解決策を見出すこと、および人間の意義ある発展・発達に対して積極的に寄与する諸行為のこと、こうしたことを指すことにします。……社会イノベーションが意図するの

は、社会関係の改善とエンパワーメント過程を通じた包摂とより善き存在様態を促すことです。すなわちそれは、皆に普遍的権利が与えられる、より社会開放的な、世界、国家、地域、地方、コミュニティを思い描き、それを追求することなのです」(Moulaert, et al. 2013: 16)。

ここにおいて「社会イノベーション」は、経済・経営という狭い枠を脱して、いわば社会学的問題を取り扱う学問として認識されていると言えるでしょう。そして実際、この『社会イノベーション国際ハンドブック』には、これまでの多くの社会学者への言及があり、また現に多くの社会学者が執筆に加わっています。少なくとも、この「社会イノベーション」に関する限り、「イノベーション」の意味は拡大され、かつ社会学的検討の課題となっていることがわかります。

さてそこで、以上を受ける形で、筆者自身が考える「社会イノベーション」について次に述べてみたいと思います。

## 二 「社会イノベーション」とは何か

筆者はまずイノベーションを、それが問われる四つの主要場面を考慮して、次のように分類しています。①科学技術系のイノベーション、②経済経営系のイノベーション、③社会環境系のイノベーション、そして④心理主観系のイノベーション、です。簡潔に表記する場合には、「技術のイノベーション」「経済のイノベーション」「社会のイノベーション」、そして「意識のイノベーション」と呼んでいます。

①まず、「科学技術系のイノベーション」＝「技術のイノベーション」は、いうまでもなくイノベーションという言葉

が「技術革新」として日本で一般化した事情とかかわります。移動と通信の手段、とくにコンピュータの発達・普及、ロボット技術、原子力、遺伝子操作など主として二〇世紀以降に急速に進展したイノベーションが念頭に置かれています。

②つぎの「経済経営系のイノベーション」＝「経済のイノベーション」は、上述のシュンペーターのイノベーション論を踏まえた経済・経営系の「創造的破壊」「企業者」などと深くかかわる領域です。

③そして、「社会環境系のイノベーション」＝「社会のイノベーション」に関しては、もう少し下位区分をしたいのですが、すでに先にモラートらの『国際ハンドブック』でその一端を示唆してきていますので、そしてまた、このイノベーションが本書の中心となり後にも触れますので、ここでは social innovation の訳語として、中国では「社会創新」という言葉が使われていることだけを示しておきましょう（筆者の論文の中国語訳論考（西原二〇一三c）では、所属の社会イノベーション学部は社会創新学部と訳されています）。

④最後の「心理主観系のイノベーション」＝「意識のイノベーション」は、下位区分として、（a）知のパラダイム研究（パラダイム転換あるいは近代批判の問題などを含む主として哲学系）、（b）認知のイノベーション（発想の転換あるいは創造力の問題などを含む心理学系）、（c）イノベーション普及論（普及過程論あるいは流行現象などを含む社会心理学系）を考えています。

なお、この④は、とりわけ③とも深く関わりますので、必要に応じて参照するはずです。

そこで、③「社会のイノベーション」に話を特化しましょう。この「社会環境系のイノベーション」に関しては、大きくは、（a）自然発生的な社会創新の動きと、（b）社会創新志向団体が牽引する動きとの二つに分けられます（以下では単に、社会運動や社会運動団体と表記することもあります）。もちろん、この（a）（b）は密接に関連する場合が多いですし、本書ではむしろその重なりの部分にも注目したいのですが、一応は理念型的には区別しておくことができるでしょう。つまり、いわば民衆レベルの動きと、広い意味での運動団体の動きの区別ですが、民衆レベルの動きと社会運動団体の動きが重なり合う、草の根的な――そしてとくにここではグローバルな――動きに着目したいと思います（なお、ここでは立ち入れない社会運動全般の包括的な説明は Crossley 2002 ＝二〇〇九、がよくまとまっています）。

まず、自然発生的な社会創新の動きに関して、です。それは、日本語でいう「世直し」のニュアンスに近いですが、フランス革命やアメリカの独立革命、あるいは明治維新や大正デモクラシーといったかつての社会創新運動にもこのような傾向がありましたし、現代に近いところでは一九六〇年代の世界的なベトナム反戦運動から二〇一〇年代の「アラブの春」の変革運動まで、多様な形態がありながらも、いわば民衆レベルで自然発生的に生じてきた運動全体を指します。もちろん、歴史的にはこうした運動を牽引する運動団体や指導者の存在も大きいですが、基本的には民衆が立ち上がって「世直し」実践を志向することがポイントです。

それに対して、社会創新運動を鼓舞し、組織化し、牽引する社会運動団体に関しては、現代社会でとくに特徴的なものとして、筆者は、次の三つを考えています。

（a）政治運動系の団体：右翼・左翼の政治的団体がモデルです。

（b）社会変革系の団体：「社会を変える」「世界を変える」志向性を強くもったＮＰＯ・ＮＧＯの活動が中心となります。

（c）社会起業系および社会的企業系の団体：いずれにせよ、企業活動がポイントとなります。

まず（a）の「政治運動系の団体」に関しては、「新しい歴史教科書をつくる会」や「在日特権を許さない市民の会」などのもっとも右寄りの運動から、政党政治のもとで政治活動を続けている政党、さらには六〇年代の新左翼の運動の流れを汲むもっとも左寄りの革命志向の団体までさまざまありますが、そもそもポスト社会主義が語られる現在、右か左かという分け方自体も問題があると言えましょう。旧社会主義国では、保守系が社会主義志向だというねじれが生じています。そして何よりも、現代の「社会のイノベーション」を論じようとするとき、これらのいわば古い伝統的な変革運動団体は――これまでにも十分に論じられてきたという理由もあって、そして、とくにトランスナショナルな動きに本書は着目すると述べましたので――ここでの議論の中心にはしないつもりです。

次に、(b)の「社会変革系の団体」に関しては、「社会変革系のイノベーション」として、「社会を変える」「世界を変える」志向性を強くもったNPO・NGOであることは右に記しましたが、そこには「INGO」つまり国際的非政府組織(International Non-Governmental Organization あるいは「TSMO」つまりトランスナショナルな社会運動組織(Transnational Social Movement Organization)の諸活動も含みます(なお、国際的な慈善活動団体、たとえばOxfamのような団体もありますが、ここでは一応、別に考えています)。この点は少しわかりにくいかと思われるので、もう少し補足しておきます。

まず、トランスナショナリズムを論じた前述のスティーブ・バートベック(Vertovec 2009: 10)が紹介している例示によりますと、ある研究者は六三一のTSMOを検討して、その二七%は人権問題、一四%は環境問題、一〇%は女性の権利問題、九%は平和問題を主としていると記しています。そのほかにも、開発問題やエスニシティ問題などに関わるTSMOもあります。そのなかでも、いわゆる反グローバリズム運動(anti-globalism movement)は、きわめて現代的で、かつ国際社会学的に見ても非常に重要だと思われますので、さらに触れておきましょう(本書のエピローグも参照してください)。

反グローバリズム運動を展開する団体は複数あります(反グローバリズム運動を含む社会運動一般に関しては上述のクロスリーの著作でも論じられています)。しかしもっとも著名で規模も大きいのは、「世界社会フォーラム」(World Social Forum: WSF)でしょう。これはスイスのダボスで開催される新自由主義的な世界経済フォーラム(通称はダボス会議)に対抗すべく、二〇〇一年にブラジルのポルト・アレグレで第一回の会合がもたれ、それ以後、現在も世界のNGO／NPOがつながる形で反グローバリズム運動、とりわけ「もう一つの世界は可能だ」(Another world is possible) を合言葉にして結びついている団体です。組織的にはいろいろ問題もあり、混乱も生じていますが、それぞれのNGO／NPOが自らの活動を展開しながら結びついています。その主張に関しては、マンフレッド・スティーガーが、上記のWSFに密接に関係している四五の構成団体を分析していますので (Steger et al, 2012, Steger et al., 2013)、これについては後で触れましょう。そこでここでは、もっとも活発な活動を展開している団体と人物だけ、例として示しておきます。それは、WSFの中心的な提唱団体の一つで、外為取引にもとづいて莫大な利益を上げている投資家集団や企業などにグローバルな課税を求める「トービン税導入」を訴えることから始まったATTAC (Association for the Taxation of financial Transactions for the Aid of Citizen) の活動（ATTAC 二〇〇一）や、国際正義、より正確にはグローバル・ジャスティスを求める運動 (Global Justice Movement: GJM) を展開し、「もう一つの世界」を展望するスーザン・ジョージの活躍が挙げられます（ジョージ 二〇〇四）。いずれにせよこうした動きは、「社会変革系の団体」の典型事例として示しておくことができます。

このように、「社会のイノベーション」のうち、とくに「社会変革系の団体」においては、「もう一つの世界」（オルター・ワールド）志向のゆえに、反資本主義的な傾向を強くもつのが特徴的です。そこにおいては、ある意味でシュンペーターを祖とする「経済のイノベーション」それ自体を（ネオリベラリズム＝新自由主義の批判として）否定する動向さえあります。だがそれは、グローバル・ジャスティス（全地球的正義）の実現を目指す限りでは、「世界をイノベーション」する動きの一つとみなすことができます。

最後に、(c)の「社会起業系および社会的企業系」の団体は、別の表現をすれば、企業系のイノベーションとしての「ソーシャル・イノベーション」とも言えるでしょう。それは、貧困問題や教育問題、あるいは環境問題などに対処するために、

「社会起業家」となって「社会的企業」を立ち上げる動き（ソーシャル・ビジネスと呼ばれることもあります）や、既存の企業の社会的責任（CSR）としてこれらの問題に対処する活動までを含みます。これら両者を（c）（d）として区別することもできますが、ここではまとめて一括して見ておきたいと思います。

社会起業系の典型的な事例は、バングラデシュにおける「グラミン銀行」の創出だと言っていいでしょう。一般に、社会起業家は、social entrepreneur（ソーシャル・アントレプレナーあるいはアントレプレヌア）と呼ばれることがありますが、社会変革を担う人びとが貧困や教育問題などの社会的課題を、起業する「事業」（企業）によって解決する人びとのことを指します。グラミン銀行の場合は、なんといっても、二〇〇六年にノーベル平和賞を受賞したムハマド・ユヌスの存在が大きいでしょう（ユヌス 一九九八、二〇〇八）。グラミン銀行のグラミンとは「村」を意味する言葉で、経済学の大学教員であったユヌスは、NPOを作って一九七六年に農村の女性たちに低金利で少額の融資を開始し、一九八三年にはそれを銀行として発足させました。グラミン銀行の特徴は、いわゆるマイクロ・クレジット（小口融資）の無担保融資で、農村の貧しい女性たちがそれを基に商売をおこなうよう導き、生活の基盤を確立させて農村の貧困を解消するための試みにあります（米倉 二〇一三、参照）。いまではバングラデシュの首都ダッカに大きな自社ビルまで所有する成功を収めています。なお、融資金の返済率は高いのですが、成功の秘密は五人一組のグループで誰かが確実に返済するような連帯責任制にあったのかもしれません。いずれにせよ、このグラミン銀行方式はアフリカなどの他の国や地域でも試みられるなどマイクロ・クレジット分野でのモデルケースになったと言えましょう。経済学賞でなく、ノーベル「平和賞」を受賞した理由はここにあります。

さらにもう一つの例も挙げておきましょう。このユヌスの活動にも影響を受けて、日本の若者が同じくバングラデシュで、農村の若い世代に教育を受けさせるべく、都市の有名な先生の授業をビデオ収録して活用するe-educationの方式で、トップ大学への合格者を出すまでに成功した事例です。当人(税所篤快)は落ちこぼれだった私立大学生と称していますが、彼は、発展途上国で教育を身に着けさせることで貧困の連鎖を断ち切ろうとして二〇〇九年にバングラデシュで始めたこの方式を、いまではアフリカをはじめとして世界展開すべく努力している最中です(税所 二〇一三)。こうした若者による、途上国における社会問題をNGOを作って解決すべく尽力している例としては、不発弾の撤去や少年兵の社会復帰の支援などでアジアやアフリカで活躍している例もあります(鬼丸 二〇〇八)。こうしたトランスナショナルなNGOの例は、誰でもがやれるというわけにはいかないかもしれませんが、支援を含めてかなりの人びとが関わって「世直し」を実践している例でしょう。

最後に、もう一つの企業の社会的責任、とりわけ企業がトランスナショナルに支援をしている例を挙げてみましょう。もちろん、世界的に活動の場を持っている日本の商社が、あるいは大銀行が、たとえば砂漠化を防ぐ目的で世界各地で植林や緑化運動に尽力している例などは少なからずあります。しかしここでは、当初は大企業ではなかった会社が、その発展とともにトランスナショナルな支援も積極的におこなっている事例を取り上げてみます。

それは、いまでは「通販のフェリシモ」として知られている企業ですが、父親から繊維会社を受け継ぎ、それを「無店舗」の通信販売会社として発展させ、それと同時に公共哲学を考える「京都フォーラム」の事務局長としても活躍した矢崎勝彦の事例です。彼は通販を始めた当初から、自らの仕事は人びとの幸福を増進させることだとの信念のもとで、かなり早い段階で『幸福の社会学』(非売品)という本も書いています。かつて見田宗介が人生の最大の目標である幸福について社会学が十分に論じていない点を指摘したことに触発されて、矢崎社長は「幸福の社会学」を実践しようとしたのです。しかもそれを、日本人の幸福追求というように限定せずに、たとえば中国で中国人がコメ作りをするのを支援したり、インドで積極的に植林に挑戦したりして、トランスナショナルに活躍しております(矢崎二〇〇七、二〇一一)。

筆者自身、以前から京都フォーラムの会合ではお会いしていましたし、志を同じくする企業家たちが集う場で講演したりして関係も保っていたのですが、この小著執筆の二ヶ月ほど前には、大阪の京都フォーラム事務局を訪れてインタビューする機会を得ました。いまは、国連の機関とも共同歩調を取りながら、地球環境問題に積極的に取り組んで「将来世代」に禍根を残さないよう活動している彼の様子を、そこで肌で実感することができました（余談になりますが、彼がグラミン銀行の前述のユヌスにお会いし議論した際に、ユヌスの関心は経済面が中心で、幸福追求という面が弱いと感じたとも述べておりました）。こうした取り組みは、ある意味では企業の経済活動によって、少なからぬ資金があるからできることでもあります。しかも氏ご自身も強調しておりましたが、収益性を確保できずに支援活動を継続的におこなうことは難しいので、企業の収益性と支援の持続性の両立を図ることがたしかに重要だと思われます。いずれにせよ、このような形で、企業が単に社会的責任を果たすだけでなく、むしろ積極的に社会変革に向けて乗り出すことは注目に値します。なお、彼の著書『信頼農園物語』（矢崎二〇〇七）には、「内発的公共性をひらく人心のイノベーション」という形で「イノベーション」という語が用いられていたことも付け加えておきましょう。

いずれにせよ、いま「社会のイノベーション」は、小熊英二が刊行した『社会を変えるには』（小熊二〇一二）を含めて、「社会の創新」を中心に多様な展開を見せているといってよいでしょう。二〇一五年夏のいわゆる「安保法制」に反対する学生団体、SEALDs「自由と民主主義のための学生緊急行動」（Students Emergency Action for Liberal Democracy-s）などの今後の展開を含め、大いに着目できるでしょう。では、企業家でもなければ、当面は起業する予定もない私たちは、こうした「社会のイノベーション」をどう考え、あるいはそれにどう対応・関与していくべきなのでしょうか。次節では、グローカルな視座を交えて、筆者なりの「社会イノベーション論」の展開を論じてみたいと思います。

## 三　社会イノベーション論とトランスナショナリズム論

さて、筆者は、前述の「社会環境系のイノベーション」＝「社会のイノベーション」を、中心に、「意識のイノベーション」も考慮に入れて、あらためて「社会イノベーション論」としてまとめてみたいと考えています。そしてこの「社会イノベーション論」を次の三つの主要な研究領域として捉えたいと現在、思っています。

①イノベーション社会変動論
②社会環境デザイン論
③トランスナショナルなグローカル社会学

①の「イノベーション社会変動論」は、イノベーションと社会との相互作用の過去と現在を検討するものです。それに対して、②の「社会環境デザイン論」は、未来を志向し、今後の望ましい社会像を構想する課題を検討するものです。そして最後の、③「トランスナショナルなグローカル社会学」とは、グローバルな出来事とローカルな出来事との交錯する地点から、上記の①と②を検討する際の方法論的立場を示すものです。

残念ながら、本書では、長い論述とならざるを得ない①を語る紙幅はいまここにはありません（別著を構想中です）。ただし、②についてはエピローグで論及します。それゆえ、ここでは主として③に依拠して、「社会イノベーション論」

の構想の一端に触れてみたいと思います。それは、「グローカル」な視座とかかわることが右で示唆されていました。まずはこの点から言及しましょう。

すでに学界やメディアでも多くが語られてきていますが、さまざまな領域でグローバル化が進展していることは言を俟ちません。グローバル化やグローバリゼーションという言葉はもう聞き飽きたという人もいるでしょう。しかしグローバル化はさまざまな領域で生じ（Steger 2009＝二〇一〇）、さまざまな位相をもつものです。そのうちの一つに、グローバル化は、そのローカル化を土台にして初めて可能となるという位相があります。分りやすい例は、マクドナルドがグローバルに展開するためには、日本、中国、あるいは南米やアフリカなどの、あるローカルな場所に店舗を持ち、利潤を上げなければなりません。グローバル化はローカル化に支えられるということです。そうでなければ、裸の王様です。したがって、グローバル化は単に、いわば「上から」（from above）襲いかかるだけではありません。「下から」（from below）の動きも重要です。二〇世紀の民族独立運動は、世界の帝国主義的な動きに対する「下から」の動きでした。あるいは道半ばの感がありますが、「反核・反原発」の運動も運動参加者が「下から」声を上げていく動きです。これらの動き（社会運動）の例は数多くあります。本小著で筆者が着目したいのは、運動の指導者や経営者の経営革新、あるいは優れた研究者・技術者の単なる技術革新によってなされる「イノベーション」ではありません。そうではなく、むしろ名も知れない一般の人びとが生み出すような動きです。それは最初はローカルな場面で生じ、しかもそれがトランスナショナルな行動を生み出し、さらにグローバルに影響を与えるような動きとしての「グローカル」な動きです。じつは、その典型例が、トランスナショナルな移動民、要するに「移民」の動きだったのではないでしょうか。

ここでいう「移民」とは、経済的理由（たとえば貧困者）、政治的理由（たとえば難民）、あるいは社会的理由（たとえば国際結婚移住者）などで生じるものを含みます。もちろん、移民の理由には、ミクロレベルでその移民動機を形成する主観的な「プッシュ要因・プル要因」があり、その背後に世界の労働力の不均衡などのマクロレベルな「歴史構造的要因」があり、しかも最近の研究が示すように、親族ネットワーク的な社会関係ネットワークなどのメゾレベルでの「ネットワーク要因」が重要だとされています（梶田ほか二〇〇五：一五）。しかしながら、生まれ育った国を超えて、他国に移住する際には、ガッサン・ハージのいうような自らの実存を賭した「存在論的移動」の要因に着目できますし、着目する必要があります（ハージ二〇〇七）。「日々生きられている」生活を、場を変えて営むには大きな決断を伴うでしょう。しかし、そのミクロな決断と実行が集積することによって、グローバルに「国際移民の時代」と呼ばれるような大きな渦を作り出し、そしてそれが反転して、出身地や移住先の社会をも変えていくような大きな「力」として作用していく場合があります（西原・芝・小坂二〇一四、参照）。もちろん移住者は、すでに触れましたが、宮城からバンクーバーへのオイジンの例のように、ローカルな地からトランスナショナルな移動を経て、ローカルな地へと進みます。そうしたローカルな動きがグローバルな動きとなることで、人の移動に伴うグローバル化は成立しているのです。グローバル↓ローカルだけでなく、ローカル↓グローバルな動きを含めて、ここでは「グローカル化／グローカリゼーション」を語りたいと思います。

では、現在も進行中のこうしたグローカルな動きとしてのトランスナショナルな移動に関しては、「社会イノベーション論」として、どう考えればいいのでしょうか。あるいは逆に、これまで筆者は積極的に「トランスナショナリズム論」とは何かを明確にせずに、トランスナショナルな事例を挙げるよう努めてきたのですが、では筆者の考えるトランスナショナリズム論とグローカル社会学から展開される社会イノベーション論とはどういう関係にあるのか、それをここで示すことにしましょう。

トランスナショナリズムの定義に関しては、少し前ですが、人類学者の上杉富之による研究成立史とその展開を踏まえた議論が大いに参考になります（上杉二〇〇四：一一二）。上杉はそこで、「トランスナショナリズム研究」の変遷を、

(1)国際機関を焦点とする国際政治学中心の一九二〇年代の「覚醒期」、
(2)多国籍企業を焦点とする経済学や国際関係論中心の一九七〇年代の「確立期」、
(3)多国籍企業のみならず、NGOなどにも焦点化した国際関係論や政治学や経済学を主とする一九七〇年代後半から八〇年代の「展開期」、
(4)労働移民などを対象とした人類学と社会学を主とする一九九〇年前後からの「転換期」、

と提示したうえで、この(4)を中心にして、トランスナショナリズムを「複数の国境を越え、長期間継続して頻繁に見られる、移民の多元的帰属意識ないし多元的ネットワークをめぐる諸現象」と定義しました。これは、上杉が的確に整理した研究史をふまえた限りでは妥当な定義だと筆者も判断しますが、すでに述べてきたように、筆者自身は「トランスナショナリズム」をもう少し広く捉えています。これは「トランスナショナルな視角」を――社会学におけるその研究史を踏まえて――分析枠組みとしての問題点を含めて批判的に論じる考え方(樽本 二〇〇九：二〇―三〇)とも少し距離があるものです。

そこで筆者はまず、トランスナショナリズムを最広義には、「ナショナルなものをトランス＝超越することを是とする志向と実践」と定義します。その含意としては、上杉も先の論考のなかで示していたような「脱国家化」や「脱領土化」、「脱領域化」という視角をも保持したいからです。そこで、筆者としては、無理にこの最広義の定義にさらに限定を施すよりも、論じるべき課題としてのトランスナショナリズムを提示することの方が意味があると考えています。というのは、単に「帰属意識」や「ネットワーク」あるいは「分析枠組み」などとしてよりも、日常の人びとが「トランスナショナリズム」をどう捉え、実践しているのかも研究の射程に入れたうえで、社会学がいま論じるべき事柄を考えたいと思うからです。

そこでまず、transnationalism という言葉をどう理解するかという点から始めます。筆者はこのひとつながりの言葉を三通りに区切ることから始めてみます。すなわち、transnational-ism, rans-nationalism, そして trans-national-ism です。なお、national は、先にも触れましたが、①生まれ（Natio）が語源で、そこから②同郷団体といった意味も生じ、さらに近代では③民族・国民・国家（nation）という意味内容が派生してきたことは前提です。

第一に、transnational-ism の場合は、トランスナショナリズムのイズムが強調される（ただし、ism には alcoholism（アルコール依存症）や autism（自閉症）のように、単に自覚的な主義・主張だけではなく、主観的なしは間主観的な行為の状態や傾動をも含みます）。そしてそれも、そのイズムの担い手を考えると、主に二種類考えられます。すなわち、一方で、日常生活者である国際移動の実践者・移住者がトランスナショナルな実践を志向することと、他方で、社会運動の実践者や社会の研究者がトランスナショナルな立場・主義を唱えること、です。

第二に、trans-nationalism の場合は、主としてナショナリズムを超える（trans）ことを意味します。それは、端的なケースでは、脱ナショナリズムや脱国家主義と表現できるでしょう。それは、狭いナショナリスティックな立場を超えて、さらにはトランスナショナリズムをも越えて、最終的には世界大の〝コスモポリタン〟的立場を選択することにまで至ります（コスモポリタンやコスモポリタニズムについては、次章以下で論じます）。

第三に、trans-national-ism です。これは前述の第一と第二の場合と一定の区別を設けるために、あえて三つに区切ったものですが、その趣意は、national なものを trans する ism の組み合わせを強調するためです。この趣意を理解するためには、ここでいう trans には少なくとも三つの意味あいがあることには留意する必要があります。すなわち、トランスには、

①境界を越えていくこと（「越境」や「横断」と言い換えることもできます）、

②脱すること（「超越」や「超脱」なしは単に「脱-」と表現できるでしょう）、
③そして最後が、「橋渡し」や「つなぐ」こと（「接合」や「連接」とも表現できます）、

という意味あいがあります。①は trans-America（アメリカ横断）、②は transpersonal（個人の心理を超えた領域に関する宗教的・心理学的用語。あるいは催眠現象などでの「トランス」状態の方が分りやすいでしょうか）といった言葉が思いつきます。しかし、③は少し分りにくいかもしれないので、補足しておきましょう。たとえば、transmit とは何か（情報・物など）を送り届けることです。また transfer とは何かを移転させることです。translate とはある事柄（たとえば言語）を別の事柄（言語）に翻訳することです。このような場合は、送り手と受け手の双方を「橋渡しする」あるいは「つなぐ」という点で、trans が用いられています。ある歴史学者は、トランスナショナリズムを「国境を越えると同時に、国家の間をつなげて新しい性格のものにすること」（入江 二〇一四：一八四）と表現している場合がこれに該当するでしょう。この場合は national なもの（国家・国民）を結びつける意味あいがあるので、「接合」とも表現できます。

以上を踏まえつつ組み合わせを考えると多様になるので、筆者としては、社会学におけるトランスナショナリズムの三つのポイントないしは焦点を考えました。他の所でも同じような表現を使っていますが（西原・樽本編 二〇一六）、最後にそれらを示しましょう。

（1）「事実としてのトランスナショナリズム」：人びとが実際に国境を越えて移動する事実的事態。ここには人びとが主観的にそうした移動を是とする考え方を現実に抱いていることも含めておく。（経験論的トランスナショナリズム）

（2）「視角としてのトランスナショナリズム」：現実のそうしたトランスナショナリズムに焦点を当てて学問的・社会学的に捉えようとする研究の視角。（方法論的トランスナショナリズム）
（3）「理想としてのトランスナショナリズム」：狭いナショナリズムを超えて、人びとがトランスナショナルに交流し結びつくこと（連接・接合）が望ましいとする理論・理念。（理念論的トランスナショナリズム）

この（1）（2）（3）の三点が、筆者なりのトランスナショナリズムの焦点です。要するに、トランスナショナリズムは「事実としての」「視角としての」「理想としての」トランスナショナリズムの三つからなるということです。なお、この（3）の発想は、日本の人文社会科学系の研究者が積極的にトランスナショナルやトランスナショナリズムを明示して表明するような一九九〇年代半ばごろからの思潮を踏まえて出てきたものです。それらは、一部すでに触れましたが、最近の歴史学者の入江（二〇一四）だけでなく、いち早くは政治学者の馬場（一九八〇）が示唆し、その後は人類学者の片倉（一九九五）、さらには文化研究者の岩渕（二〇〇一）などにもみられる視点であり、筆者としてはそうした動向も踏まえて、明示化したいと考えたのです。

それゆえ、さまざまな移動者を描く「トランスナショナルなグローカル社会学」の場合も、それが関係するのは、前述した、①事実としてのトランスナショナリズム（経験論的トランスナショナリズム）、②方法としてのトランスナショナリズム（方法論的トランスナショナリズム）、③理念としてのトランスナショナリズム（理念論的トランスナショナリズム）、です。しかしながら、方法論的トランスナショナリズムの立場から、経験論的トランスナショナリズムを探求する、この「グローカル社会学」の視点からの具体的な「展望」は何で、そしてそれがいかにして「社会イノベーション論」とつながるのかと問われるでしょう。とはいえ、少し接点は見えてきたのではないでしょうか。それは、「社会イノベーション論」

のうちの、「社会環境デザイン論」と「理念論的トランスナショナリズム」が交わる地点に、その接点が見え始めているからです。その点は、次の第四章以下で主題としてみたいと思います。

筆者としては、すでに述べた移民・移動者の研究を続けて、一方では理念論的な「リアル・ユートピア」を追い求めつつ、他方ではそうした経験的研究を踏まえるなかから見えてくる「国家内社会概念」などを含む社会学基礎概念への批判的検討とその再構成を続け、そこからさらに「社会」「国家」「国籍」「国民」「市民」「市民権」「民族」「人種」などといった問題ある諸概念を再検討すべく、方法論的トランスナショナリズムの立場から今後も理論的研究を進めていきたいと考えています。そして、やや余談になりますが、そうした研究の際には、可能な限りトランスナショナル／グローバルな社会学研究者ネットワークの創出にも努めたいと考えています。それもまた、実現可能な事柄としてのトランスナショナルな共同研究ネットワークの形成だと考えているからです。そしてその射程は、現時点では、日本・アジアからの移民・移動者という日常生活者の実践への着目を通して、アジアから環太平洋へ、そして世界へと拡がる、グローカルな国際社会学の展開にも及ぶだろうと考えています。

「経済のイノベーション」だけでなく、最近は教育のイノベーションなどもまた語られるようになっており、イノベーション論は、社会学だけに限らず、いやむしろ社会諸科学のトランスナショナルな連携によって、もっとも広い意味での「イノベーション」を語るべき場面が生じてきています。そうする立場を筆者は、むしろ「イノベーション論」の「トランスナショナリズム論的転回」のなかで考えたいと思っています（逆に、トランスナショナリズム論の「イノベーション論的転回」ともいえます）。そしてそれは、学問研究の理論・実証・実践の三方面においても、それ自体が一種の社会的行為あるいは社会運動としての意義も持ちます。それは国際社会学会（ＩＳＡ）の前会長であるマイケル・ブラウォイが二〇一二年、ブエノスアイレスでの国際社会学会の世界会議で述べたように、社会運動「に関する」（cf. 社会学や、社会運動「のための」(for)社会学ではなく、社会運動「としての」(as)社会学という課題の遂行にも通じるところがあるでしょう。

以上のように、筆者なりのトランスナショナリズム論も示したところで、次に論じるべきは「コスモポリタニズム」です。章を変えて、その議論に移りたいと思います。

# 第四章　コスモポリタニズムと多文化主義



## 一　トランスナショナリズムとコスモポリタニズム

二〇一五年にパリで起こったイスラム過激派と称されるIS（イスラム国）による二つの襲撃事件（いわゆるシャルリー・エブド事件とサッカー場などの同時多発の襲撃事件）は記憶に新しい出来事ですが——そしてそれはイスラム研究を含む別の形での検討を踏まえた重大な探求課題ですが——、本書との関係では、その数年前に起こった銃撃事件に着目できます。それは、二〇一一年七月にノルウェーの小島で起こった銃乱射による大量殺人事件です。驚いたのは、集会に参加していた約七〇名の若者が死亡したという悲惨な事実だけではありません。日本にとって衝撃的なのは、当時三二歳の犯人がヨーロッパの多文化主義を呪い、外国人労働者などを受け入れず多文化主義を政策としていない日本（と韓国）を称賛する言辞を発していた点にもあります。だが、犯人の認識には甘い点があります。日本の現状はいま大きく変容しつつあるからです（ここでは触れませんが、韓国の多文化社会の現状も日本以上です。詳しくは有田ほか編（二〇一六）参照してください）。すでに触れてきたように、日本では少子高齢化に対応すべく、正面からではなく、サイドドアから日系南米人や外国人研修生（二〇一〇年からは外国人技能実習生）を招き入れ、バックドアからのイリーガルな滞在者も抱えこんでいます（鈴木 二〇一六、参照）。日本でも確実に多文化社会化状況は進行中です。そうしたなかで、銃の乱射事件は起こったのです。

カナダやオーストラリアと異なり、アメリカや西欧、北欧、そして南欧の国々は、多文化主義宣言をおこなったわけではありませんが、事実として多文化主義的な「寛容」を謳いあげて、外国人移住者（このなかには労働者だけでなく、難民やアジアやアフリカからの国際養子も含まれる）を受け入れてきました。また、外国人差別・民族差別につながる「ヘイトスピーチ」に関する規制も多くの国でなされています。しかしながら、この銃撃事件は起こったのです。

いま「多文化主義は曲がり角に来ている」と言われています。それはなぜなのでしょうか。もしそうだとすれば、どのような方向でこの問題に対処していけばよいのでしょうか。本章および次章は、理念論的トランスナショナリズムに向けた、こうした問いに対する現時点での思索の方向性の暫定的な整理であり、かつ今後の研究に向けた試論です。

あらかじめ本章の視角を再確認しておきましょう。それは、すでに触れてきたのと同一で、方法論的ナショナリズム批判をベースにして、多文化主義の行き詰まりを打開する方向性を問うための、「グローカル」なスタンスの活性化という視角です。そのために本章と次章で、とくにコスモポリタニズム、および多文化主義に対する間文化主義という考え方を取り上げて、それらの考え方を筆者なりに位置づけてみたいと思います。なお、こうした作業はこれまでの社会と社会学を再検討する意味あいも持っています。本章は理論研究とはいえ、筆者自身のこれまでの移民・移動者に関する調査研究（西原 二〇一一 a／b、二〇一二、二〇一三 b／c、Nishihara & Shiba 2014, 西原・芝・小坂 二〇一四など）から見えてきたことを念頭に置いて理論的・概念的な整理をおこないつつ、現代社会と現代社会学への一種の提言を含むような論述に努めたいと考えています。

今日、人びとの国境を越える移動が際立つようになったことはすでに触れています。再確認をしておきましょう。日本を例にとれば、二〇一五年には来日外国人観光客数が二〇〇〇万人に迫り、外国人留学生も年間二〇万人近くとなり、ここ一〇年、国際結婚も年間三万～四万組前後の数値を示していました。先に示した点もあるので、ここでさらに数字を示すことは控えますが、これらの数値が一九九〇年前後と比較して数倍の大幅な増加であることは再確認しておくべきでしょう。ここ四半世紀で日本の事情は大きく変わりつつあるのです。ナショナルな境界を越える人びとの移動、すなわちトランスナショナルな移動は、これまで比較的閉ざされてきた国・日本も例外ではない形で進行しているのです。

そうしたトランスナショナルな移動に関して、社会学や人類学などでは「トランスナショナリズム」研究という新たな研究領域が活性化していることもすでに触れました。したがって、今日においては国内外でかなりの著書・論文・翻訳が蓄積され始めています。社会学を例にとれば、トランスナショナルな視角に関しては、中央アメリカやカリブ海諸国を含む南北アメリカにおける移動の研究事例が一つの核をなして検討が進んでいます（Cf. Smith & Guarnizo 1998, Portes & Rumbaut 2001 ＝二〇一四）。ただし、そうした研究を踏まえて、すでに触れた小井戸（二〇〇五）や樽本（二〇〇九）は、トランスナショナルな移動研究がトランスナショナリズムを標榜して既存の国家批判を含む形で進行することには少し疑義を呈しているように思われます。その論拠は主に、前述のようなトランスナショナリズムという概念が社会学の分析用具として十分に鍛えられていないという論点以外にも、今日でも重要な機能を有する国家や国境がもつ意味（国家の入国管理のあり方を含む）が十分に射程に入れられていないという点にあります。管見の限り、メインタイトルとして初めて「トランスナショナリズム」という語を掲げて著書を刊行した前述のバートベックも、これまでの実証的な知見の整理に力を注ぎ、現状認識としては「多次元における多様性の進展、社会的複雑性の増加や移住者のトランスナショナリズムは、日常的なことあるいは少なくとも不可避なことであり、現代的な局面やグローバル化した社会の局面として幅広く認知されている」(Vertovec 2009: 158 =二〇一四:二二二、ただし訳文は変更しました)と述べていますが、現在までのところ「さまざまな意味で移住者のトランスナショナルな実践が先導した」「グローバルなさまざまな相互連結の数々のプロセス」が「未来の姿」であるかどうかという点については、「結論を出すにはまだ早すぎる」と述べるにとどまっています(Vertovec 2009: 163 =二〇一四:二二八)。

さて、このようななかで、筆者としてはすでに触れてきているのですが、トランスナショナリズムを、①事実としてのトランスナショナリズム＝経験論的トランスナショナリズム、②研究視角としてのトランスナショナリズム＝方法論的トランスナショナリズム、③理想としてのトランスナショナリズム＝理念論的トランスナショナリズム、に分けて考えることを提唱してきました。これらは、一方の極に、実際に人びとがトランスナショナルに移動する「リアリティ」を位置づけ、他方の極に、国境を越える人びとの交流が望ましいものと捉える一種の理想型としての「イデアリティ」を位置づける試みであり、それら「リアリティ」と「イデアリティ」を両極とする数直線をなすという考え方です(西原・樽本編 二〇一六、も参照)。おそらく、これまでのさまざまなトランスナショナリズム論は、その数直線上のどこかに位置づけられるでしょう。ただし、方法論的トランスナショナリズムは、そのような経験論的、理念論的なトランスナショナリズムを社会学において検討する際にとられる視点としての方法論的な視角のことでしたので、直接にはこの数直線とは関係がありません。

とはいえ、この最後の方法論的トランスナショナリズムは、ベックが主張した「方法論的ナショナリズム批判」、すなわち社会学的研究を国家内の社会(国家内社会概念と筆者は名づけました)に限定しておこなうような視点(あるいはせいぜい、他の国家内社会との比較によって自国を位置づけようとする視点)によって、知らず知らずのうちに結果的として自分の所属する国家および国家内社会を優先するような一種のナショナリズムに陥ることへの批判を念頭に置いて考えられていました。階級論、あるいは国家権力を頂点とする権力論などのこれまでの社会学的研究は、国家内部の社会だけを想定しがちであったというのがベックの指摘です（Beck 2002 参照）。

そしてより重要なことは、そのような方法論的トランスナショナリズムを採用することで、今までは例外として見られていたさまざまな社会現象が、多数の事実として、あるいは今後に向けた理念として、見えてくるという点です。筆者が触れてきた日本における外国人研修生／技能実習生や、国際結婚移住者の第二世代あるいは国際養子当事者、あるいは国際留学生などの諸例が示唆的です。それらにおいては、たとえば日本国家が強いる単一の国民アイデンティティのなかで複数のアイデンティティに悩むという存在だけではなく、少なくとも二つ以上のアイデンティティを超えるような、いわば第三のアイデンティティを模索しようとする存在者の姿が見えてくるケースがあります。具体的には、在日コリアンやコリアン・ディアスポラを論じている郭基煥（二〇一三b）の論考や国際養子の当事者たちの運動を観察して多重国籍に関する興味深い論点を提出している芝（二〇一三）の論考などに垣間見ることができる一種のコスモポリタン的な志向です。

方法論的トランスナショナリズムに基づく検討は、こうしたコスモポリタン的志向の存在を照射してくれる面があります。その意味でトランスナショナリズムの考察自体が、ナショナルなレベルでの検討だけでは見えてこない面、すなわちあまりにも現実離れした、雲の上のような理念であるコスモポリタニズムが、意外にも近しい存在として身近にある点を描いて見せる可能性を秘めています。しかしそれはもちろん一つの可能性に過ぎません。だが、エリック・オーリン・ライトが述べているように、社会の批判的検討において、「欠点だけしか現実には存在せず、すべての可能性が幻想であるかのように皮肉な見方をすることも危険」（西原・芝編訳 二〇一六、参照）だということに気づかなければならないでしょう。そこで、「リアル・ユートピア」(まだ完全な形ではリアルにはどこにも存在しない(utopia =無場所)が、萌芽や可能性としては見いだせるもの)の研究を説くライトの言葉をさらに引用しておきましょう。「私たちが必要としているものは、人類の繁栄に対する私たちの最も深い熱意と同時に、実行可能な制度の実践的デザインの問題を真剣に取り上げて、現実世界にその熱意をもたらすことに注意深くあるような、現存の社会制度に対する明快・厳密で『実現可能な』オルタナティブのモデルなのである」(同右)。

とはいえ、社会学におけるコスモポリタニズムは、とくに二一世紀に入ってからようやく本格的に語られ始めた議論に過ぎません。そこでまず、このコスモポリタニズムに立ち入って少し考察を加えてみたいと思います。

## 二　コスモポリタニズム的志向——正義論の挑戦

哲学史的には比較的よく知られていますが、コスモポリタニズムの源流は、古代ギリシャの後のヘレニズム時代の入り口でシノペのディオゲネスが、特定の「ポリス」に所属しているのではなく、「コスモポリス」への所属を表す「コスモポリタン」を標榜したあたりにあるとされています(Long 1964 =一九八九)。そしてその思潮は、その後のストア派の哲学から中世・近代初期をへてイマニュエル・カントの哲学へ、そしてさらに現代の哲学まで続いている潮流です(古賀二〇一四、参照)。とはいえ、今日のコスモポリタニズムは、哲学・思想の領域では、ジョン・ロールズの正義論に影響を受けた現代アメリカ哲学、カントの人格論や平和論に影響を受けた社会哲学や政治学など、あるいは批判的地理学(ここでは Harvey 2009 =二〇一三が念頭に置かれています)、そしてベックなどの社会学におけるコスモポリタニズムとして新たな展開を示しています。ここではまず、現在の哲学におけるコスモポリタニズムに焦点を絞ってみておきたいと思います。

哲学の領域でのコスモポリタニズムは、アメリカでの展開が注目できます。プラグマティズムの影響が大きかったアメリカの哲学界では、ロールズの『正義論』(初版は一九七一年刊行)の登場で様相を一変するように思われます。それほどロールズの影響力が大きかったようです。よく知られているように、ロールズは格差のある現実社会において「自由と平等」を実現するための、いわば社会的「正義」の実現の原理(〈正義の二原理〉)を考察しました(Rawls 1999＝二〇一〇：八四)。そして、彼の到達した結論は次のように表現できます。すなわち、まず各人は「基本的自由に対する平等の権利」をもつべきであり、その基本的自由は、他の人びとの同様な自由と両立しうる限りにおいて、最大限・広範囲にわたる自由でなければならない、と。これが彼のいう「第一原理」です。しかしこれには、以下の二つの「第二原理」が続きます。つまり、第一原理の基本的自由への「平等」が満たされない社会的・経済的「不平等」が認められるのは、次の二つの場合だと言います。まず一つ目は、それらの不平等が「最も不遇な立場にある人の利益」を増大化する場合(格差原理)、二つ目に、「公正な機会の均等」という条件のもとで職務や地位がすべての人に開かれている場合(機会均等原理)、です。こうした正義の原理は、私たちが問題としてきた移住者たちにとっても妥当な民主的原理のように見えます。

しかし、問題は少なくとも三つあります。第一に、彼の正義論においては、各人の「基本的自由」が最大のポイントであり、それに対する「平等」な権利が語られている点です。そして第二に、その自由を制限することで生じる不平等が第二原理で語られるとしても、じつは機会均等原理はすでに問題を内包している点です。たとえば入学試験のように、競争の機会は均等に開かれていても、受験する前の段階ですでに経済格差に基づく勉学機会の差異(ブルデュー風にいえば文化資本の差異)があることは必ずしも十分に議論の射程に入ってこないのです。第三に——これが本書にとってはより重要な点ですが——ここでいう「基本的自由に対する平等の権利」をもつべき「各人」の〝範囲〟が不分明な点です。少なくとも『正義論』の段階でのロールズにおいては、「各人」とは（正規の）「国民」を指していると判断できます（後になってロールズがその範囲を多少修正・拡大した点から見て、少なくともここでは国民だけが想定されていたと考えられます）。この点に関しては、アマルティア・センも同様の批判をしています（Sen 2009＝二〇一一：一二四）。ここにおいては、帰化していない移住者たちは含まれにくいのです。したがて、この点で格差は存続します。それゆえ、一見すると移住者たちにとっても妥当に見える原理ですが、さまざまな具体的権利においては、その原理が十分に満たされない場合が想定されます。ロールズの議論には、アメリカ国民的価値観、つまり（豊かな社会での）国民の自由を最大限尊重する個人主義的な思想が見え隠れするように思われます。

なお、ロールズ以降、個人の「最大限の自由尊重」を唱える「リバタリアン」が活躍します。他方、それに対して行き過ぎた個人主義を批判・是正しようとする人びとは、個人よりもコミュニティの共同体的価値観を重んじるその主張によって「コミュニタリアン」と呼ばれました。そして一九八〇年代、リバタリアン・コミュニタリアン間の論争が繰り広げられることになったのです。しかしながら、コミュニタリアンの思想も、「美徳なき時代」（アラスデア・マッキンタイアの著書の題名）に伝統回帰的になるのであれば、個人の側に大きく揺れた振り子を今度は共同体の方に揺り戻すだけで、「昔はよかった」式の一種のアナクロニズム（時代錯誤的な懐古主義）に陥ります。リバタリアンとコミュニタリアンとの論争は、考察すべき問題の一つの所在を明らかにはしましたが、移民たちの置かれている状況に鋭く関与するものではありません。この論争もまた、あくまでもアメリカ国民内部の問題だったのではないでしょうか。

したがって一九九〇年代以降は、こうした論争から、むしろ「多文化論争」とよばれる議論が生じてきます。多文化の共生をめざして「寛容」を論じる多文化主義者において、その代表的論客の一人であるカナダのウィル・キムリッカは、一九九五年に『多文化時代の市民権』を著し、ケベック州を中心としたフランス系住民の存在を念頭に、多文化主義的シティズンシップを唱えました（Kymlicka 1995＝一九九八）。そしてその批判の矛先は、コミュニタリアン／共同体論者たちが、その共同体の範囲を国民国家と容易に重ねてしまう点にもあったのです。キムリッカの主張は、コミュニタリアンとは異なり、いわば国家よりも下位の中間的なものへの忠誠に基づく「多文化市民権」という構想にあったのです。それはいわば、カナダの二言語政策、二文化政策という国家政策と符合するような議論でした。だが、そのような国家政策に活路を見いだすような議論は、トランスナショナルな事態に対して一体どこまで適切な射程をもつものなのでしょうか。

この問いの視角からは、集合的アイデンティティを疑うリベラル多文化主義者やラディカル多文化主義者のように、国家の境界といった共同体的境界を流動化し、透過的なものとするといった主張が見えてきます（安達二〇一四）。そしてそれは、既存の国民国家とその境界を、あるいは近代国民国家で自明視されている価値観それ自体を、あらためて問い直す方向性へと転轍されるべき回路でもあります。この点では、ヤミスン・ソイサルの「ポスト・シチズンシップ」（Soysal 1994）やブライアン・ターナーのような、身体の「傷つきやすさ」（Vulnerability）に基礎を置いて、どの国の国民であるかを超えた（つまり国家を超えて誰にでもどこの国にいても適用できる）普遍的な人権を説く「ヒューマン・ライツ」（Turner 2006）の発想なども重なってきます。それは、近代国民国家のあり方を批判的にまなざす本書の視線とも重なるはずです。しかし「多文化論争」は必ずしもその方向に進みません。かくしてこの論争は、一九八〇年代から九〇年代を中心に続いた先のリバタリアンとコミュニタリアンとの論争と同様、国家内社会での人間存在を自明視するドメスティックな議論であったことが示されるのです。

だが、ロールズ正義論の伝統は、二〇世紀の九〇年代から二一世紀に入って興味深い展開をみせました。それがマーサ・ヌスバウムの新たな正義論の展開とトマス・ポッゲの登場です。ヌスバウムは、原著二〇〇六年刊行の『正義のフロンティア』で「ケイパビリティ・アプローチ」を標榜しました（Nussbaum 2006 =二〇一二）。ケイパビリティとはここでは人間の潜在能力のことですが、この能力を最大限発揮できるような人間の状況と社会環境のあり方がこの本では問われたのです。ヌスバウムのケイパビリティ論が、一時期ともに研究活動をおこなったアマルティア・センに影響を受けたものであることは明らかですが、そこで彼女は、「変更可能」で「批判を踏まえたさらなる修正があること」を前提に、一〇項目にわたる「中心となる人間的ケイパビリティ」（the Central Human Capabilities）を示しました（Nussbaum 2006: 76-78 =二〇一二：九〇―九二、Nussbaum 2013: 34f.）。それらをなるべく原典通りに（ただし括弧内は要点をまとめる形で）示せば、以下の通りです。①生命、②身体の健康、③身体の不可侵性、④感覚・創造力・思考力、⑤感情、⑥実践理性、⑦連帯（A他者との連帯、B尊厳ある存在者として扱われること）、⑧他の種との共生、⑨遊び、⑩自分の環境の制御（A政治的な制御、B物質的な制御）。いうまでもなく、これらの項目の最適な形での実現を目指すのが、彼女のケイパビリティ論です。

筆者の視点からこのリストをさらにまとめるならば、ここで着目できるのは、次の四点でしょう。㈠人間の生命・身体の「傷つきやすさ」を真っ先に挙げている点、㈡思考力だけでなく、感覚や想像力や感情を挙げている点、そして㈢他者との連帯のみならず他の種との共生を挙げている点、そして最後に、㈣環境の制御の指摘です。これらを「実践理性」（「善の構想を形成し、かつ自らの人生の計画について批判的に省察することができること」）というカント流の用語法を核として組み立てているのが彼女の特徴だといえます。したがって、「身体」「感性」「他者」「環境」の実践理性の遂行がヌスバウムの主張の核だといえましょう。

ただし、重要な点を少し補足しておきます。それは「他者」の意味です。ヌスバウムのこの著書『正義のフロンティア』には、Disability, Nationality, Species Membership という副題がついていました。日本語訳では、分りやすさを優先させて「障碍者・外国人・動物という境界を越えて」と巧みに訳されています。メンバーシップとして、障害のある人、ナショナリティを異にする人、人間以外の種としての動植物・自然界の生き物に代表される「他者」との共生を目指すのがヌスバウムの狙いです。そこには単に「近代的(モダン)」な、理性中心的で合理的な人間像や人間中心主義的なヒューマニズムを超える意図が見えています。とはいえ、ポストモダンの思潮とは大きく異なる点があります。それは、右で見たように、あえて倫理の「大きな物語」を掲げ直す点です。いいかえれば、そこでは脱構築ブームのあとの「解体＝構築」(西原 一九九八)が目指されているかのようです。そしてそれは、「未完の近代」を批判して自由や平等といった近代の理想を掲げ直し、「コミュニケーション的理性」を説いた(後述の)ハーバーマスの発想とも異なります。いずれにせよ、ヌスバウムの試みは前述のロールズの正義論から出発しながらも、一国内の理性的な健常者としての国民にだけしか着目していないかに見えた正義論を、「他者」「外国人」を含む「マイノリティ」への着目というパースペクティブのなかで大きく展開させる試みとなったのです。本章では、「他者／外国人」という言葉でこのソーシャル・マイノリティを代表させつつ、さらにもう少し補足をおこなっておきましょう。

この他者／外国人という文脈では、ポッゲの思考がきわめて重要です。ヌスバウムと同様にロールズに学びながらも、ポッゲは『世界の貧困と人権』(原著第二版)を二〇〇八年に刊行し、国境を越える財の再配分を提唱しているのです。ポッゲによれば、今日の世界の貧困の原因はかつての「植民地時代にその大部分が形成された」(Pogge 2008: 209 ＝二〇一〇：三一二)もので、それに対して現在の先進国が配慮しなければなりません。もちろんそれは先進国の後続世代が「回復義務」を負っていると主張するのではなく、こうした歴史的な「根源的不平等が道徳的に非常に醜悪な歴史によってもたらされることは、許容されてはならない」(Pogge 2008: 209 ＝二〇一〇：三一二)と主張しているのです。さらに彼は、「新薬開発」に関しても言及し(Pogge 2008: 222-61 ＝二〇一〇：三二九―八一)、特許を取得している高額な新薬に貧困層がアクセスしうる機会はきわめて限られていて、その薬があれば助かる命が助からない状況が生じている点を重視します。「知的財産所有権」といえば聞こえはいいですが、たとえばＨＩＶ感染している「貧困者」に薬を提供することは、いわば新薬を開発するだけの科学の進んだ先進国が配慮すべきことではないかという発想です。要するに、第一に、かつての植民地支配を遂行した先進の帝国主義的国家の過去の所業と、第二に、そのお蔭で繁栄を謳歌している現在の先進国の（世界的）体制が、世界の貧困と人権に大いに責任があると述べているのです。いわばそれは、「二重の賠償責任」といってよいでしょう。この原書の日本語翻訳のタイトルは、『なぜ遠くの貧しい人への義務があるのか』というものでした。国家の境界を「超越」・「越境」して、外国の他者への義務を説くその発想は、グローバル時代の正義論から展開する「コスモポリタニズム」の一つの形であるといえましょう（なお、正義論との関係でのこの方面の日本の業績としては、押村（2008）、井上（2012）が、社会学でのコスモポリタニズムを論じた論考には、鈴木（二〇一四）があることを書き添えておきます）。

## 三　コスモポリタニズムの現代的展開——**社会科学の挑戦**

では、政治学や社会学などの社会科学者たちはどのようなコスモポリタニズムを構想しているのでしょうか、この点を、今度は主に社会哲学を含む社会科学の議論を整理する形で言及しておきます。なお、現代の社会科学的なコスモポリタニズム論議も、主にカントに由来するといっても過言ではないでしょう。カントは、いわば中央集権的な世界国家は否定していますが、世界連邦のような形での緩やかな連合が「永遠平和のために」必要だと考えていました（Kant 1984[1795]＝一九八五）。現代の社会哲学者・社会科学者も、基本的にはこの路線に沿っているように思われます。

まず、先にも少し触れたフランクフルト学派第二世代のドイツの社会哲学者ユルゲン・ハーバーマスを取り上げてみましょう。ハーバーマスは、一九八〇年代にはコミュニケーション的行為の理論を展開し、かつアメリカの社会学者パーソンズの議論（AGIL図式）を彷彿とさせる形で「市場と国家」からなる「システム」と、現象学出自の（公的・私的な）「生活世界」とを対比させたうえで、「システムによる生活世界の植民地化」を批判して「コミュニケーション的理性」に基づく「市民的公共圏」を展望していました。そして彼は、一九九〇年代には『他者の受容』と題された著作で「カントの永遠平和の理念」を論じながら、「各国政府を拘束しうるものへと制度化」された「世界市民法」（Habermas 1996＝二〇〇四：二〇〇七）の必要性にも言及しました。つまりハーバーマスは、カントと同様に中央集権的な世界国家ではなく、同時にまたナショナリズムではないにせよ憲法に具体化されている普遍的価値への忠誠を説く「憲法パトリオティズム（憲法愛国主義）」という考えを展開しながらも、そうした「世界市民法」の成立のポイントが「国際法の集団的主体である国家を飛び越えて、個人に法主体としての地位を付与すること」、そして「自由で平等な世界市民の連合に構成員資格を直接に根拠づけること」にあるとしています（Habermas 1996＝二〇〇四：二〇七－八）。こうした「世界市民法」を展望するハーバーマスの発想は、「法制的コスモポリタニズム」の一つとして数えることができるでしょう。

こうした展望は、一部の人には実現不可能なように思われるかもしれません。しかし必ずしもそうではありません。こうした発想は、じつは一九四八年に国際連合総会で採択された「世界人権宣言」に基づき、この宣言採択後一八年間にわたって議論を重ねて一九六六年の国連総会で採択された（そして一九七六年に発効した）「国際人権規約」のうちの「自由権規約」と呼ばれるB規約＝「市民的及び政治的権利に関する国際規約」（ちなみにA規約は「経済的、社会的及び文化的権利に関する国際規約」で「社会権規約」と呼ばれている）の「第一選択議定書」に見られるものです。すなわち、それは「市民的政治的諸権利に関する選択議定書」と名付けられ、B規約に規定された権利侵害が生じた場合には、国連が国家を超えて直接に個人の通報を受理・審議することができる手続きについて定めたものです。通常それは、「個人通報制度」と呼ばれています（なおその後、死刑廃止を柱とする「第二選択議定書」も定められました）。このように個人と世界とを結ぶ回路の構築は、不十分とはいえ、始まっています。ハーバーマスの議論が夢物語とはいえず、現実化の道が少しずつ開かれつつあります（とはいえ、日本は一九七九年にA規約・B規約ともに批准していますが、選択議定書については第一・第二ともに批准していません……）。

さらにもう一人、イギリスの政治学者デビット・ヘルドを取り上げてみましょう。彼もまた、この法制的コスモポリタニズムの立場に立っているといえます。ヘルド自らが著書『コスモポリタニズム』（二〇一〇年刊行）の序文で語っているように、民主政とグローバル化とともに、コスモポリタニズムが彼にとっての「三つのキーターム」であり（Held 2010＝二〇一一）、「コスモポリタン社会民主政」（Held and McGrew 2002＝二〇〇三：一六三）が彼の目指すべき方向性であるとしています。そしてそこでは、かなり具体的にその社会民主政のあり方が法的・制度的に論じられています。すなわち、彼は「コスモポリタンな制度要件」として、法のコスモポリタニズム、政治のコスモポリタニズム、経済のコスモポリタニズム、環境との関わりを含めた文化のコスモポリタニズムといったように区別しながら（Held 2010:103-12＝二〇一一：七八―八五）、短期的な施策としてはアマルティア・センの主張と重なる「人間の安全保障理事会の創設」やATTACも提唱していたトービン型課税などのグローバル市場の規制などから、長期的な施策としては世界各地での選挙によって選ばれる「民主的な国連第二議会」の構想や、環境問題の各種紛争解決に向けた環境裁判所の設置などを提案しています（cf., Held 2010:51f.＝二〇一一：一九〇）。ヘルドのこうした試みは、前述のヌスバウム的なリストを――あるいはEUの経験を踏まえた――政治学の法制的土壌でかなり具体的に提示する試みであるともいえるでしょう。

では、社会学者の場合はどうか。社会学的なコスモポリタニズムは、ベックが「方法論的ナショナリズム批判」から「方法論的コスモポリタニズム」への転回を説いて「コスモポリタン社会学」を志向する考えが知られています（ベック二〇一一）。ベックは英語版では二〇〇六年に『コスモポリタン・ヴィジョン』（独語版は二〇〇四年）を刊行して、それまでの彼の「コスモポリニズム」をまとめています（Beck 2006）。ただし、いま「コスモポリタニズム」と記しましたが、ベック自身は事実としての「コスモポリタン化」という事態を重視し、この後者の用語を多用します。「私たちはコスモポリタニズムの時代を生きているのではなく、コスモポリタン化の時代を生きているのである」（西原・芝編訳 二〇一六：八）とベックは主張し、そうしたコスモポリタン化の時代においてグローバルなものを研究するためには、伝統的な社会学に「補足」を付け加えるだけでは（それが既存のグローバル社会学であっても）ダメで、それにとって代わる社会学、すなわち「コスモポリタン社会学」が必要だと強調します（西原・芝編訳 二〇一六：一三）。その主たる理由は、「社会」や「国家」などといった「死せるゾンビ概念」（同書：一三）である社会学の基本用語そのものの再検討が必要だとベックは考えているからです。そこで彼は、「社会学のコスモポリタン的転回」を提唱するのです。ベックの批判理論はかなり刺激的できわめて重要ではあると考えていますが、残念ながら管見の限りでは、まだ社会学内在的な理論的検討に重心が置かれ、「世界リスク社会」研究では一定の進展はあるものの、現時点では未来への「ヴィジョン」を明確に示すまでには至っていない印象があります（この展開を大いに期待していたのですが、ベックは二〇一五年の元日に七〇歳で他界してしまいました）。

それに対して、イギリスの社会学者ジェラルド・デランティはもう少し具体的な未来像を提示しています。たとえば、『グローバル時代のシティズンシップ』（原著二〇〇〇年刊行）において彼は、法的、政治的、文化的、市民的なコスモポリタニズムを区別して論じながら、「コスモポリタンな挑戦」として国民国家を超える「コスモポリタン・シティズンシップ」を提唱していました。そこで彼は、国家を前提とするような「インターナショナルなコミュニティ」や上からのグローバルな市民社会論を批判的に検討しつつ、「トランスナショナリズム」や「脱ナショナリズム」を見据えて、「シティズンシップの基礎的基準は……出自ではなく居住」だとし、「コスモポリタニズムの新しい構想を構築するための基礎」を論じたのです（Delanty 2000＝二〇〇四：一三一）。それはちょうど、『帝国』を著したアントニオ・ネグリらが、「政治的プログラムの第一の要素、第一の政治的要求」を「グローバルな市民権」とし、具体的な一歩を「万人に居住証明書を！」という要求を掲げたフランスの未登録外国人のデモのシーンに見つつ、このような要求は、多様性をもつ民衆である「マルチチュードの生産と生に対する〈帝国〉の基本的な管理装置に挑みかかるものである限りにおいて、ラディカルなものである。空間に対する管理権を再領有し、こうして新しい地図作成術を構想するマルチチュードの力、それがグローバルな市民権なのである」（Hart & Negri 2000: 400 ＝二〇〇三：四九七）とした視点と重なり合う面があります。

そしてデランティは、比較的最近の著作では、はっきりと「グローバル化への規範的批判としてのコスモポリタニズム」（Delanty 2009: 250）を意識した「ポスト主権国家」論の方向性で多文化主義を検討しつつ、同時にポスト西洋世界における「間文化的な対話」（intercultural dialogue）を強調するようになります。そこで近年、デランティは、コスモポリタニズムに関するこれまでの代表的論考を集成した著作（Delanty and Inglis 2011）や、この領域での現在の代表的論者を書き手とする分厚い国際ハンドブックも編集して（Delanty 2012）、精力的にコスモポリタニズムに関する議論を推し進めています。とくに後者の国際ハンドブックで彼が主張しているのは、「批判的コスモポリタニズム論」（Delanty 2012: 38-46）として、コスモポリタニズムは、①コミュニティの否定ではないこと、さらにそれは②西洋中心ではないこと、そしてそれは③単なる同質化や混交ではないこと、と主張しています。なお、この最後の点は、「多様性のなかでの交流」に基づく連帯や統合の新たな枠組みを見出すことを意図しており、そうした試みを社会学でも進めていくことが目指されているのです。

もちろん上記以外にも、コスモポリタニズムの議論にはまだまだ取り上げるべきものがありますが、紙幅の制約上、ここでの言及はこの辺でとどめておかざるを得ません。しかしながら、筆者としては現段階でコスモポリタニズムの議論に「ただちに／単純に」与するわけではありません。

それは第一に、すでに触れた点ではありますが、（いろいろ問題点はありますが）ＥＵが成立しているヨーロッパと、強烈な国家主権やナショナリズムがいまだに作用している北東アジアの現状を踏まえれば、一足とびにコスモポリタニズムの議論に乗り込むわけにはいかないという思いがあるからです。

そして第二に、コスモポリタンとは誰のことを指すのか。高額所得者で、飛行機のファーストクラスやビジネスクラスで世界中を飛び回る人びとのことでしょうか。あるいは、多数の言語を自由にこなして各国で講演活動もおこなっているような知識人のことでしょうか。一般には、「コスモポリタン」という言葉には、こうした世界を活躍の場とする階層的に上位の人びとが想像されがちです。コスモポリタニズムに「世界市民主義」という訳があるように、高学歴で知的な響きのある「市民」の「主義」というのは、どう考えても違和感があります。本書のここ以降では、コスモポリタンは、高い階層だけではなく、世界各地でトランスナショナルに移動するあらゆる階層の人びとを含めて用いるようにしますが、とくにこの点はしっかりと確認しておく必要があると考えています（世界各地での移動に関する動きは、西原・樽本編二〇一六、で概要が把握できます。ご参照ください）。

さらに第三に、そうだとしても、コスモポリタンとは、「世界市民主義」と訳される文脈で、「世界」を舞台にする人だけを指すのではありません。世界を志向しながらも、世界を移動できる人は限られています。ですので、今後の一つの方向性の提示なのですが、世界志向をもつ人と、現に世界を移動している人は、場合によっては区別すべきなのかもしれません。そうでないと、第二点のように、やはりそれは一握りの人びとのみが想定される、かなりエリート的なニュアンスが付きまといます。本当にそうでしょうか。その点も第二の疑問とともに今後考えるべき論点です。

そして最後ですが、第四に、そうしたコスモポリタニズム論以前に、まだまだ検討しておくべき課題として、右に示したデランティの議論にあるような（トランスナショナルなレベルでの）「多文化主義」や「間文化主義」の議論があります。そこで次に、この最後の、「多文化主義」に関する議論に進んでいこうと思います。この検討のなかから、新しいコスモポリタニズムの可能性が見えてくるかもしれません。

# 第五章　多文化主義の再検討：その批判と擁護

## 一　多文化主義の現在——欧米とアジア圏

すでに本書で述べてきましたが、二〇〇六年三月、前年から始まった総務省「多文化共生の推進に関する研究会」は、報告書『地域における多文化共生の推進に向けて』を提出し、その「報告書」においては「多文化共生」に関して次のように述べられていました。繰り返しましょう。「地域における多文化共生を『国籍や民族などの異なる人びとが、互いの文化的ちがいを認め合い、対等な関係を築こうとしながら、地域社会の構成員として共に生きていくこと』と定義」するとしていました。

グローバル化しコスモポリタン化した社会状況をふまえて、このような多文化主義的な提言が（北東アジアでも）多く見られるようになりました。では、ここであげられている「多文化」や「共生」は、本書で筆者が提示している「トランスナショナリズム論」とどういう関係にあるのか。「多文化主義」——「多文化共生」も同様に——という、一見すると理想のように語られているスローガンは、そもそもの「多文化」や「文化」という語の定義から問題点も含んでいるように思います。多文化主義とは何か、それはいかに変質しているのか、そして多文化主義はどこへ向かうのか、こうした論点を、コスモポリタニズムも念頭に置きながら、以下考えていきたいと思います。

まず、もっとも妥当性をもちかつ簡潔な「多文化主義」の規定を掲げましょう。それは、「多文化の共存を是とし文化の共存がもたらす積極面を肯定的に評価しようとする主張ないしは運動」（梶田 一九九六：二五六）です。この規定は、多文化主義の「主義」的要素を明確に包含し、かつ主張ないしは運動という形で示したものです。日本における多文化主義は――これもすでに触れていますが――二〇〇一年から始まった「外国人集住都市会議」に典型的なように、国家政策としてよりも地方行政レベルで、しかもボランタリーな形で一種の運動として進められてきました。

諸外国の様子も見ていきましょう（なお、以下の記述は、文献を挙げると膨大になるので割愛させていただきます。ただし、一部は樽本 二〇〇九、二〇一二や塩原 二〇一〇、安達 二〇一三、西原・樽本編 二〇一六、などを参考にしています）。まずは南北アメリカ。アメリカやカナダは「入植者」や「移民」からなる国家といった性格上、「多文化」「多民族」は半ば自明視されてきました（とはいえ、他方でかつての奴隷制の存在や、その後の排日法案などのアジア人を含めた人種差別の存在は忘れるべきではありませんし、現在も差別問題は重要な社会問題でもあります）。とくにアメリカでは、一九世紀の終わりから二〇世紀初期にかけてシカゴ学派社会学が議論の対象としたように、シカゴは「人種のるつぼ」と表現され、「同化」論が議論されていました。たとえば、社会学者ジョージ・ハーバート・ミードも大量の移民労働者の教育等に心をくだき、その相互行為論に研究を集中させていました（西原 二〇〇三、参照）。さらに近年では、ヒスパニック系あるいはラティーノと呼ばれる、中南米からの移動民の問題が政治的問題ともなり、また母語教育／英語教育／二言語教育も大きな問題となっています。他方カナダは、一九七〇年代早々に当時の首相が「多文化主義」を宣言し、多文化社会を目指しています。

前述のキムリッカの議論のように、フランス語系住民の多いケベック州の独立問題を含めた多文化的政策も国民自身の関心事です。中南米諸国も、スペインおよびポルトガルによる植民地化を経て、さらに積極的な移民受け入れ政策によって、マルチ・エスニックな状況があります。そうしたなかでも、先住民系住民と白人系住民との間の格差・差別も、さらに中南米からアメリカへの労働者移動だけでなく、さまざまな地への出移民も、大きな問題になっています。

ヨーロッパにおいてはどうでしょうか。二〇一五年にシリア内戦などの影響で大量の難民がヨーロッパに押し寄せたことは、そのなかに紛れ込んでいたテロリストの問題とともに、大きくクローズアップされました。しかし、移動民の流れは、もっと早くからヨーロッパで注目されていました。主要国の動きを見ておきましょう。

イギリスにおいては、二〇世紀初頭には革命期ロシアを逃れたロシア人移民、二〇世紀中盤からは旧大英帝国領域内の、たとえばカリブ海地域やインド圏からの大量の移民、さらには二〇〇四年のロンドンでの爆破事件で注目されたイスラム系住民の流入の問題、そして近年では激動を経た東欧諸国からの移入問題もクローズアップされています。またドイツでは、主として戦後にトルコ系移住労働者が問題となり、ネオナチによる排斥運動などが起きていることもよく知られています。難民の受け入れに積極的なドイツでも、世論は微妙な雰囲気になってきています。

またフランスでも、イスラム系女性（ムスリマ）のスカーフ問題や北アフリカの日の沈む地という意味をもつマグリブの三国（チュニジア・アルジェリア・モロッコ）などからの移民とそれにまつわる（パリ郊外での暴動をふくめた）出来事、そしてイスラム急進派信奉者による複数の襲撃事件。外国人排斥を主張するルペン父娘の「国民戦線」の台頭。オーストリアと同様に、移民排斥を声高にさけぶ「極右政党」が国政選挙・地域選挙・EU議会選挙などにおいて少なからぬ得票数を獲得するような状況になっています。いま「共和制」をとるフランスの苦悩がうかがえます。

他方、イタリアは、かつては典型的な移民送出国でしたが、近年は大量の移民の受入国となっており、スペインやギリシャと同様、移民政策が政治的課題ともなっています。

では、アジア圏、とくにアジア太平洋地域はどうなのでしょうか。東南アジアをふくむ東アジアでは、「多民族国家」が多く、事実上、居住者に対する「多文化主義」が実践されているところもあります。それはたとえば、シンガポールのような多民族国家から、名目上にせよ、あるいは部分的にせよ、多文化・多民族の統合を謳う中国(五六の民族からなるとされ、その優遇策も分離独立運動もあるとされています)、さらにベトナムやタイなどの国家や、少数とはいえいわゆる山岳民族を含む一三の民族がいるとされる台湾など、「単一民族神話」のある日本を一応除いて、どこの国でも多民族・多文化的状況が存在しています。一八九八年にアメリカ合衆国の一部となったハワイもまた、中国・日本・ポルトガル・韓国・フィリピン・ポリネシアの国々など多数の国からの移民からなるマルチ・エスニックな地域です。

さらに、多文化主義を考える際にしばしば引き合いに出されるオーストラリアのケースは少し詳しく見てみておきましょう。オーストラリアは、一九七〇年代前半から、それまでの白豪主義(White Australia Policy)を放棄し、多文化主義を国家政策とする方針を打ち出して実施し始めました。それはカナダの多文化主義と共通点も少なくありません。とはいえ、それまで「白人」だけを受け入れて、先住民(アボリジニ)を押しのけて建国し発展してきたオーストラリアにとって、これは大きな転換点でした。そしてその転換の際には、「福祉主義的」あるいは「人道主義的」な見地が強調されました。もちろんそこには、メルボルンの国立博物館に再現されていますが、一九六〇年代のアボリジニたちの公民権運動による自由かつ平等の要求運動(たとえば公民権を求めて主要都市をバスで巡って運動した「フリーダム・ライド」運動)も影響を与えたと推測されます。さらにいえば、一九七五年ごろから本格化するベトナム難民のオーストラリア漂着という問題も重なり、オーストラリアの福祉的・人道的な多文化主義は定着したかに見えた。

しかしながら、オーストラリアでは近年、移民を選別する政策がとられ、高度専門職・技術者だけが入国しやすくなる仕組みを採用し、他方でインド系住民に対する「カレー・バッシング」という言葉で表現されるような移民排斥傾向も高まりを見せ始めています。また「太平洋ソリューション」と呼ばれる、難民をオーストラリア本土には入れないで、周辺の小国や島々に居住させようとする政策も話題になっています。さらに現在、オーストラリア政府は、イギリス政府と同様に、移住希望者たちに国家への忠誠を約束させる政策を実施しています。明らかに、オーストラリアの移民政策は、「国家主義的」かつ「経済主義的」な方向性が明確になってきているといえるでしょう。

このようにオーストラリアの多文化主義は、福祉主義的多文化主義から経済主義的多文化主義へと変質したと指摘されてきています。そしていまやここの多文化主義は、国民国家「統合」の理念としてのみ存在すると揶揄する人もいます。「人権」か「管理」かという論点が、いまやオーストラリアにおいて問われていると言ってもよいでしょう。多文化主義への視点として、塩原良和は、リベラル派は寛容・調和・多様性の承認を説き、保守派は社会の分断を批判し、そしていわばラディカル派は社会的不平等の黙認やマイノリティの権利の否定を批判すると指摘しています（塩原 二〇一〇、参照）。二〇〇〇年のシドニーオリンピックでは、アボリジニの人びとを前面に出したシンボリックな多文化主義は、しかしながら現在では、このような問題を抱えているのです。

先住民族との関係でさらに言及しておけば、ニュージーランドも多文化主義の国です。別の機会に書いたことですが（西原・樽本編 二〇一六）、ニュージーランドの先住民は、約千年前にカヌーで移住してきたポリネシア系の「マオリ」の人びとです。その後、本格的な移住が進み、ニュージーランドにはマリオの部族社会が成立していました。だが一七世紀にニュージーランドは「発見」され、一八四〇年には部族酋長たちとの間でわずか三条のワイタンギ条約が結ばれイギリス植民地となりました。当時は英語を十分に理解しなかったマリオの人びとは、「主権はイギリス国王」「土地はイギリスのもの」「イギリス国民として処遇」といった趣旨の条約を、軍事力の脅威のもと認めざるを得なかったのが実情でしょう。イギリスを中心に移民が流入したのは、言うまでもなくその後です。ニュージーランドはオーストラリアと同様、移民国家です。一九〇七年にイギリス連邦内の自治領となり事実上独立しましたが、一九六〇年代にはマオリがワイタンギ条約の不当さと差別の是正闘争を起こし、一九八〇年代に政府は謝罪・賠償手続きを進め、一九九五年にマオリの部族連合に賠償金が支払われ、以後ニュージーランドは本格的な多文化社会として知られるようになったのです。オークランドの国立博物館の一階はすべてマオリ関係の展示物で占められています。そして現在は、太平洋諸国からの移民も増え、異文化の融合するユニークな多文化社会となっています。

こうした各国の歴史的現在を踏まえて、それでは、このような多文化主義や多文化社会の問題点とその克服への道はどのように考えればいいのでしょうか。それが次の課題です。

## 二　多文化主義への現実的批判と原理的批判

すでに多くの多文化社会論者によって（たとえば関根 二〇〇〇）、多文化主義の抱える問題点は指摘されてきています。ここでは、主要なものとして三つの現実的問題点に簡潔に触れたあとで、より根底的な問題点に言及しておきたいと思います。

まず、現実的問題点。それは、第一に「タコツボ化問題」があります。せっかく多文化主義政策を採用したのに、流入してきた移動民は、容易には既存の社会に「同化」せず、逆に移動民たちだけのコミュニティを形成して分離・分断され「タコツボ化」（「ゲットー化」とも呼ばれます）するという問題点です。それは、「共生」ではなくコミュニティ間での交流を伴わない「分生」だとも指摘される論点です（「多分化社会」とも言われます）。もしそれが不可避の現実だとするならば、多文化主義とは決して理想ではないと批判的に考える人びとが出てくる理由も了解できると言えるでしょう。第二に「コスト問題」があります。経済的にも、多文化主義は困難を抱え込んでいると言われますが、それが多文化主義政策を実施する際にかかるコストの増大という問題点です。オーストラリアの現状で触れましたが、経済主義的に変質した多文化主義は、自国の経済発展に有益な者のみを積極的に受け入れ（「国益」）、そうでない「他文化」の人びとを排除しがちとなります。そうした経済的コストという点では、「異文化」集団の流入やその存在感の増大に伴う先住民や移民たちの「利益・権利の主張」の高まりのなかで、彼ら／彼女らの擁護のためのコスト増にたしかに直面します。身近なところでは、さまざまな案内表示の多言語化といった問題から、彼ら／彼女らの生活保障といった福祉的な面が例として挙げられるでしょう。第三に「逆差別問題」もあります。以上の現実的問題点から、移民受け入れ側においても「逆差別感」ともいうべき反動が生じることが理解可能となります。それは、一般にブルーカラー層・下層ホワイトカラー層に多いといわれますが、経済不況や失業問題（「職が奪われる」）などの不安が絡みつつ、新たなナショナリズムの生成あるいは再構築へ向かう傾向も生じやすくなると推察できます。先に挙げたような、オーストラリアにおけるカレー・バッシング、ドイツのネオナチ台頭、ルペンが率いるフランスの国民戦線への熱狂的な支持、さらには日本における「新しい歴史教科書をつくる会」や「在特会」（「在日特権を許さない市民の会」）のようなナショナリズムも、他の要因も絡みながらではありますが、こうした脈絡で一定の支持を集める事態となっています。それは、本章の冒頭でふれたノルウェーの銃乱射事件のような「外国人排除」という形で、多文化主義がやり玉にあがり、ナショナリズムが称揚されるというテロリズムにもつながっています。

しかしながら、筆者としては、こうした現実的問題と絡みながらも、そもそもの多文化主義それ自体にも、いくつかの絡み合う論点を伴ったより根底的な問題点がある点にここでは着目してみたいと考えています。そうした問題点を挙げて多文化主義を批判するのではなく、むしろそのことで、多文化主義をさらに一歩進めることができると考えているからです。どういうことでしょうか。

まずもって多文化主義の第一の根底的／原理的な批判は、それが標榜する多「文化」のもつ「文化」の諸相・多義性・多層性を無視しがちな点にあります。少し長くなりますが、重要な点なので、考察を深めてみましょう。

人間は「シンボルを操る動物」（アニマル・シンボリクム）であり、文化は「過剰な」言語をもつヒトに特有なものだと考えられます。この論点は、ヒトという種の、他と区別される①「種別共通文化」として取り出しておくことができます（そうすると、道具を使ってバナナを取ったり、芋を海水で洗って塩味にして食べたりするなどの行動をする類人猿的「知恵」（＝類人猿の知恵試験）は、文化と非文化の境界線上にあることになります）。

だが逆から見れば、ヒトとしての種にとっては、身体的なレベルではむしろ②「普遍共通文化」があるといえます（①と②は同じ事態のコインの表裏です）。食物を煮る、焼く、蒸すなどして好んで摂取する性向は、人間の身体組織とも深く関連し、人間身体に普遍的に共通です。そうした身体は、生物体としての誕生と死で区切られた個体としての「個的な生」を生き抜く土台です。

ただし、この「個的な生」は元来、他者から生じ、他者によって支えられるものです。すなわち、それは一定の集合体のなかでのみ生起します。文化面からいえば、それは一定の時代背景のもとにある③「特定集合文化」のなかで生成するわけです。その「特定集合文化」の主なものは、たとえば特定の時代文化を背景にした現代社会においては、特定地域文化・特定団体文化・特定企業文化・特定世代文化・特定階層文化・特定ジェンダー文化などと例示できるでしょう。これに「ろう文化」「障害者文化」「レズ文化」「ＬＧＢＴ文化」などの比較的新たに話題にされてきた文化の位相を加えることもできます。

さらにこれらの文化とは別に、④「特定国民文化」（たとえば日本文化やイギリス文化、あるいは日本人のアイデンティティなども念頭に置いています）と、より広範囲の⑤「特定広域文化」（東アジア文化、照葉樹林文化、稲作文化など）も指摘できます。これらの「文化」にも「特定」という言葉が付されています。要するに「普遍共通」に対する「特定個別」です。

したがって、最後に挙げるべきは、「普遍共通」と「特定個別」を合わせた（形容矛盾のように思われがちですが）⑥「普遍個別文化」です（特定個別的であることが普遍共通的だという認識に支えられる「普遍共通的特定個別文化」ですが、それは長いので、こう表現しておきます）。この特定個別の普遍共通性は、地球レベルでの現代社会の人間状況に普遍的な文化面を一方で強調し、かつ同時に他方で文化の個別面も考慮した一種の理想型です。つまりそれは、ある意味で目指すべき理念ではないでしょうか。ここでは、理念論的思考のレベルでのきわめて簡潔な説明にとどめざるを得ませんが（具体例のレベルについてはエピローグで触れます）、「皆が個別的である」という意味での個別性の普遍性（普遍的な個別性）をも認識し、個別性を普遍的に承認する（多様性＝ダイバーシティの）文化の相と言えるでしょう。

以上をまとめれば、①「種別共通文化」、②「普遍共通文化」、③「特定集合文化」、④「特定国民文化」、⑤「特定広域文化」、⑥「普遍個別文化」、です。なお、述べてきたように、①と②の「共通文化」は、⑥の「個別文化」とは対になっていますが、それらは「普遍」という点では、まとめることができます。ただし通常の社会（科）学では、③④⑤の文化の位相が中心的に論じられます。しかし筆者は、文化を語ろうとするときには、①や②や⑥も含めなければいけないと考えてきたのです（西原二〇一〇、参照）。というのも、じつは、最低限こうした文化の諸位相を顧慮することなしには、「多文化主義」「多文化共生」、そして「コスモポリタニズム」でさえも、語ることはできなくなると筆者は考えているからです。このことと関連して、さらに以下の三つのことも文化を語る際に重要な問題群として提示しておきましょう。

第一に、文化を語ろうとするとき留意すべき原理的な問題は、「多文化」においては（「多民族」も同様ですが）、多文化・

多民族の諸文化間のどこに差異・区別の境界線を引いて、一文化や一民族として区別するのかという問題があるという点です。当事者の主観において一定程度の境界づけが可能であるにせよ（ただし、この主観的観点自体はとても重要な点ですし、その探究が社会学的な課題の一つでもありますが）、客観的には「下位単位の区分基準の不明確さ」は明らかです。そもそも「文化」を共同主観性として、文化本質主義的に固定的・物象化的に捉える問題性がここにも示されています。それは「文化」だけにいわばフェティッシュに着目することで、文化現象を一面化・類型化・物象化することにも通じます。この点がなぜ問題なのか。そこには、潜在的および顕在的な問題点があります。

それが、重要な問題群の第二の問題（潜在的問題）で、たとえば多文化主義や多文化共生の現場では、言語や食べ物の「差異性」などを認め合うことが出発点とされますが、そのことで逆に、差異の関係のなかから見えてくる「同一性」、いいかえれば、いずれにせよ言語を用い食物を摂取するというレベルでの「同一性」は見えにくくなるという問題です。つまり、先の文化の諸相に引き付けて語れば、「普遍共通文化」はいうまでもなく、さらにさまざまな「特定集合文化」や「特定国民文化」においても、そうした「文化」を共通にもつことにおいては、いずれも「同一性」があるのです。じつはこのことは、次の多文化主義の顕在的な問題点とも密接な関係にあります。

すなわち重要な問題群の第三の問題（顕在的問題）ですが、今日の多文化主義の目下の最大の問題点――と筆者には思えるのですが――は、文化を、そのさまざまな相のうちの特定の相である「国民文化」という面でのみと捉えがちな点にあります。文化というと、日本の文化、中国の文化、イギリスの文化、フランスの文化……というように。つまり、多文化主義や多文化共生を論じる際には、「国民文化」を既定のもの、固定的なものとして捉え、その普遍性・不変性を前提にして「多文化」を語る傾向があります。しかしながら、いうまでもなく、文化は歴史的に変わりうるものですし、世代的にも変化するだけでなく、地域的にも階層的……にも、さらには個体的にも差異をもつものです。そうした点を無視して、国民文化偏重というバイアスのもとで「多文化」が語られているのが現状ではないでしょうか。

文化は、たとえばメキシコにおける一六世紀以降のメスティーソ（スペイン人と先住民との結婚によるハイブリッドな）文化の形成といった時間的・歴史的事例から、同一国民文化といっても津軽文化と薩摩文化、さらにはアイヌ文化と琉球文化の差異という空間的・社会的事例や、仮に小さな範囲の同一文化圏に限定しても、個人は同一時間・同一空間では生まれないので、各個人によってその文化の取得状況も異なるという身体的・社会的な事例に至るまで、多種多様・多層的でかつ変化するものです。つまり、繰り返せば、文化を「特定国民文化」レベルで語るのは、一種の物象化であり、一種の文化本質主義です。そして何よりもそれは、いまは目立たないマイノリティのマイナーな文化実践を、あるいは今後生まれるかもしれない新しい文化実践を、マジョリティの力によって抑圧する装置に転じる恐れさえあります。

文化を仮に精神文化と物質文化に分けるにせよ、精神文化と行動文化に分けるにせよ、文化の多義性と多層性などに配慮しない文化論は虚妄です。そして、文化は地域的、世代的、階層的、ジェンダー的……でもあるという社会学的視点に配慮しない文化論は空虚です。そうした差異のなかでの交流から、むしろ新たな文化の生成＝創新が生じる可能性があるからです。そのような、差異のなかでの交流の同一性の場から、新たなものがイノベートしてくる点こそ、じつは多文化主義や多文化共生のもっとも重要な点なのではないでしょうか。

以上、これまでにタコツボ化問題、コスト問題、逆差別問題といった現実的な批判点から、文化の物象化のもとでの文化的差異偏重および特定文化偏重、とくに国民文化偏重といったより根底的／原理的な批判点・問題群までを通して、安易な多文化主義への批判をみてきました。ただし、筆者の主張は、すぐ前に示したように、単純な多文化主義全面批判ではなく、むしろ多文化主義の利点を最大限引き出す方向で考えていこうとするものです。誤解があるといけないので、この点を強調しておきます。

なお、最後の補足として、政治思想的には以上よりも「よりラディカルな多文化主義批判」にもふれておきましょう。前述のハージは、その著作において、結局のところ多文化主義は、白人権力の強化にすぎないとか、形を変えた同化主義の温存にすぎないと述べて痛烈に批判しています（Hage 1998＝二〇〇三）。近年のオーストラリアやイギリスにおける国家への忠誠をもとめる動きは、同化を強制するものとして捉えられ、しかもその同化は、これらの国においては、白人権力の強化のためであると批判されるのです。この批判は、「白人権力」以外の他の国々、たとえば中国や日本などにおける権力状況にも場合に応じて当てはまる射程をもつ議論であって、白人に焦点化したハージの主張に即座に同意することはできないとしても、時の支配権力による多文化主義「政策」がこうした側面をもつことまでは確実にいえるでしょう。その意味で、ハージの問題提起は大いに傾聴に値する部分があると筆者は考えています。

さて、このような多文化主義に対して、それを内部からの乗り越えようとする考えが、いま生まれつつあります。マルチ（multi-cultural）な発想ではなく、インター（inter-cultural）な発想が一種のウリです。本章の最後に、この点を検討してみましょう。

## 三　多文化主義の超克？——間文化主義の挑戦

多文化主義（multiculturalism）をその内部から乗り越えていこうとして、新たな視点を提供しているとするのが、間文化的な対話（intercultural dialogue）を重視する間文化主義（interculturalism）です。その分りやすい例が、二〇〇八年に欧州評議会から出された『間文化的な対話に関する白書：尊厳ある平等としての共生』（White Paper on Inter-cultural Dialogue:"Living Together as Equals in Dignity"）です。そこでは、文化の多様性（diversity）の民主的ガバナンスとして、間文化的な対話を促進するための五つの政策が提起されています。それらは、多様性の尊重、人権の尊重、市民参加、多言語教育、対話の場（space）の創出です。さらに、メアら（Meer & Modood 2011）は、間文化主義と多文化主義を比較しながら、間文化主義のメリットを次のように述べています（Cf. Cantle 2012: 142）。

> 第一に、共存（coexistence）よりも優れたものとして、間文化主義は多文化主義よりも相互行為や対話とよりよく関わり合うと思われる。第二に、間文化主義は、多文化主義よりもより「タコツボ化」（groupist）が少なく、全体のまとまり（synthesis）を生じやすいと思われる。第三に、間文化主義は、社会的凝集やナショナルなシティズンシップといった点から見て、より強い意味合いの全体性に一層関与できるものである。最後に、多文化主義が非リベラルで相対主義的であるのに対して、間文化主義は（間文化的な対話の過程の一部として）非リベラルな文化実践への批判に向かいやすくなっている。

これは、間文化主義を掲げて多文化主義の問題点を「対話」という視点から乗り越えていこうとする努力だといえます。多文化主義の行き詰まりを、それがもともと志向していた「対話」に焦点化して再活性化しようという試みが間文化主義だということもできます。間文化的対話は、文化間交流の問題として教育現場では切実な問題であって、実践的にも理論的にも検討が進み始めています。

日本においても共生の現場を歩いていると、こうした間文化的な対話の実践にしばしば出会うことがあります。すでに本書でもふれましたが、宮城県には、国際結婚した日本人夫側のグループがあり、そのサポートのもとで外国人妻たちが、フィリピン出身、中国出身などといった垣根を越えて、毎週の日本語学習とともにしばしば交流会も開いています。リーダーの日本人夫が語った「男たちが変わらなければ」という言葉がとても印象的だったこともすでに述べました。その近くの町でも、早い段階で来日していたフィリピン人国際結婚移住者が――自らの自宅が津波で流されたにもかかわらず――大震災後にフィリピン系や中国系の国際結婚移住者を対象に、ヘルパー資格取得も目指したボランティアの教室を開いていたこともすでに触れています。また市部でも、韓国系の国際結婚移住者がNPOを立ち上げて、さまざまな国籍の移住者が対話しうる集会所も建設し活用していますし、同じ市には、ロンドンに在住していた日本人女性が大震災の報に接して急遽帰国し、そこに住み込んで欧米系の人びとのボランティア活動をコーディネートし、さらに現在は小さな喫茶店風のお店を開き、人びとが集う場を提供している事例についても触れました。

こうした諸事例からは、たくさんのことを学べますが、なかでも筆者が着目したのは、人びとをトランスナショナルに連接・接合する「媒介者」の存在でした。その人たちのことを、外国にルーツをもつ人びとに共振・共感し、共苦と共愉をともにしつつ、トランスナショナルな関係を築きあげる「共振者＝媒介者」とも表現できると述べました。その共振者に媒介されたローカルな地域でのトランスナショナルな対話の実践は、ローカルとグローバルとが絡み合う、まさに「グローカル」な試みであると同時に、相互行為(interaction)の場を確保しつつなされる間文化的な(intercultural)な対話に基づく相互主観的な(intersubjective)な実践でもあります。そうした人びとの実践は、「間文化主義」や「interculturalism」などという言葉を用いずに、「下から」経験的な事実として実践を積み重ねているのです。

間文化主義は、エスニック・グループが交渉のないままに分離し、より一層「タコツボ化」して行き詰まりを見せている多文化主義に風穴を開ける試みだとは言えます。あるいは本来、多文化主義がもっていたが／ないしは志向していたが、実際にはそのようには進まなかった現状に対して、間文化主義はその内側から乗り越えていこうとするものだと評価することもできます。そしてそこに、今後への一つの可能性を見るとともに、これからもさらなる可能性を追求する越境実践として着目され、問われ続ける必要もあるでしょう。

ただし、その可能性を拡げるためには、本書の第三章、第四章で述べてきた、社会イノベーションの視点や、理念論的なトランスナショナリズムやコスモポリタニズム的な発想のさらなる展開もまた求められます。逆にいえば、間文化主義がもし地域社会や国家内社会の「統合」や「まとまり」のためだけに提唱されるとすれば、それは「ナショナルな思考の枠」は超えられないという重大な問題も残ります。それゆえに、間文化主義は結局「多文化主義」が歩んだ道と同じ道を歩むことになるかもしれません。その意味で、間文化主義は「万能薬」でもなければ、必ずしも理想とする「主義」だとは言えないのかもしれません。そこであらためて、トランスナショナリズムやコスモポリタニズムのさらなる検討がここでも求められることとなるわけです。多文化主義や多文化共生に関して、さらにはコスモポリタニズムやコスモポリタン的な議論に関しては、批判だけではなく、未来に向けた「リアル・ユートピア」として、どのような事実から、どのような展望を開くことができるのでしょうか。これらのことを、具体例を交えながら、最後に考えてみたいと思います。

# エピローグ　越境する国際社会学

## 一　東日本大震災における被災外国人と「間文化的媒介者」

二〇一一年三月一一日に起こった東日本大震災に際して「何かをやらねば」と思った人は多いと思われます。その日、たまたま筆者はオーストラリア・メルボルンの大学に滞在中でしたが、家族は房総半島にバス旅行に出かけていて大きな揺れに遭遇し、立ち往生し、丸一日まったく連絡がつきませんでした。オーストラリアのテレビでは、津波の映像がリアルに放映され、その後に起こった福島第一原子力発電所の爆発時の映像は、日本全体が壊滅的な打撃を受けたかのような印象すら与えていました。外国にいると、たいへんなことが日本で起こっているという思いが一層募り、とくに日本に親族など関係者がいる外国居住者は、その関係者の一刻も早い日本脱出を願わずにはいられなかったと思われます。

また、筆者はその後の三月下旬に、前から予定が決まっていた中国上海の復旦大学で会議に参加していましたが、上海のテレビは、宮城県女川町の中国人女性「研修生」(現在の名称は「技能実習生」)二〇名が、水産会社の専務の迅速な行動によって高台に避難して難を逃れた出来事を繰り返し報じていました。同時に、この専務はその後工場に戻ったところを大津波に襲われ、行方不明になったという報道も流れていました(この専務のご遺体は一ヵ月後に工場内で発見されました)。

マグニチュード九・〇という、これまでの世界の地震の大きさで、五指に入るような強烈な規模だっただけでなく、被害者の多さも、日本においては一九九五年の阪神淡路大震災をしのぐ震災となりました。被害は、岩手・宮城・福島の東北三県のみならず、青森・茨城・千葉などの東日本太平洋側各県に及び、そして案外知られていませんが、犠牲者が出たのは日本だけではなく、アメリカやインドネシアでも津波による死者が出たと伝えられています。さらに原発による影響は、避難区域だけでなく、二五〇キロほど離れた東京にも及び、計画停電・節電の問題が生じたこともよく知られています。この原発事故は、二〇一一年四月に入ってチェルノブイリと並ぶレベル7と認定されました(本節の以上までは、西原二〇一二、参照)。

以上のことは、日本においてはすでに「常識」に属する事柄も少なくありません。しかしながら、こうした「常識」の背後で、意外に注目されていないいくつかの論点もあります。そのうちのひとつが外国人(「外国にルーツをもつ人びと」=外国出身者系列で日本国籍取得者も含む)の被災と外国人による支援です。警察庁の二〇一一年一〇月の発表では外国人の死者は三二人(中国系一〇人、コリア系一四人、フィリピン系四人など)でしたが、その時点で、支援関係者によれば、帰化した人も含めると三桁になると見られていました。外国にルーツをもつ人びとの被災状況はあまり知られていないのではないでしょうか。

筆者は、災害問題の研究者ではありません。しかし、東日本大震災の状況を知って、「何かをやらねば」という思いに駆られ、二〇一一年は、被災現地をひんぱんに訪れました。そして現在の筆者にできることは何かと考えて、焦点をこの大震災に遭遇した外国人の問題に絞りました。それは、「日本人はすごい」「日本人がんばれ」などの掛け声のもとで、外国人の存在が忘れ去られていると判断したからでもあります。

また、この大震災の問題を日本だけの問題とせずに、世界の人びとと震災／原発の情報・悲惨さ・苦しみを共有（＝共苦）できるようにしたいとも考えました。そこで機会あるごとに、たとえばアジアでは、中国で、あるいは韓国で、そしてフィリピンでも、さらにアジア以外ではイタリアやアルゼンチンなどで、「震災と外国人」に関する講演・報告をおこなってきました。そして同時に、東北の研究者たちと「震災と外国人」というプロジェクト・チームを立ち上げ、調査もかねて毎月のように東北に通ったのです。そこで得た知見をほぼ毎月、国内外で報告するのはきつい日々でしたが、いまの自分にできることをおこなおうと努めてきたつもりです。そしてその後も、日本語の論文だけでなく、英語の著作や論文をオーストラリアや韓国などの研究者と共同で出版し、また中国やフランスでも、それぞれの国でそれぞれの言葉に翻訳されて公刊されています（Nishihara 2013、西原 二〇一三C、Nishihara & Shiba 2014, Nishihara 2015）。

こうした視座からみようとすると、すでに何度か自分の論考でも言及していますが、あらためて二〇一一年三月二〇日付『朝日新聞』のコラム「天声人語」がもつ問題点には驚かされます。筆者はこのコラムのことを、三月末に上海から帰国後に韓国籍の友人から聞きました。流麗な文章で震災後の日本・東京の様子を描いていたものですが、同時に強い違和感も覚えざるをえない文章でありました。以下は、その書き出し部分と結論部分の引用です。

「いつもの週末に比べて、銀座や表参道の外国人は目に見えて少なかった。観光客ばかりか、出張者や留学生、外交官までが日本脱出を急いでいるらしい。物心の支援に感謝しつつ、この国は自らの手で立て直すしかないと胸に刻んだ。」

（中略）

「再起のスタートラインは、はるか後方に引き直されるだろう。それでも、神がかりの力は追い込まれてこそ宿る。危機が深いほど反発力も大きいと信じ、被災者と肩を組もう。大戦の焼け野原から立ち上げたこの国をおいて、私たちに帰るべき場所はない。」（傍点は引用者）

さまざまな外国人が日本脱出を急いでいる「らしい」、したがって頼りにならない、だから日本は日本人自身が立て直す以外にない――要約すれば、こうも読める文章です。この「らしい」という言説は、一体どこまで妥当するのでしょうか。そこで、三・一一の震災をはさんだ外国人居住者数の推移を法務省の「外国人登録者統計」から調べてみましたら、次のような様子がみえてきました。以下は、①二〇一〇年末→②二〇一一年三月末→③二〇一一年六月末の登録者数と、そして最後が③÷①の残留率です。岩手県では、①六一九一→②五二五七→③五二〇五：残留率八四・一％、宮城県では、①一万六一〇一→②一万四五〇七→③一万四〇一六：残存率八七・一％、福島県では、①一万一三三三→②一万〇三二八→③九九二七：残留率八七・五％、です。この被災三県の合計では、①三万三六二三→②三万〇〇九二→③二万九一四八となり、その残留率は八七・〇％と出ました。

このように、被害の大きかった被災三県に絞ってみても、外国人が「みんな」帰国してしまったわけではないことがわかります。もちろん、一時的に帰らざるを得なかった外国人（とくに留学生）も少なくないと思われますが、その方たちも新学期とともに多くが戻って来ています。『異郷被災』という主として宮城県で震災に会ったコリア系の人びとの四〇名以上に聞き取り調査し、二〇一五年に刊行された興味深い本があります（東日本大震災在日コリアン被災体験聞き書き調査プロジェクト編二〇一五）。この本をひも解くと、これらの人びとが被災地に留まって、いかに救助・支え合いに努めたかが良くわかります。この本の序を書いた赤坂憲雄も同様の点に着目していますが、「日本人として、あるいは韓国人としてではなくて、同じ二〇一一年三月一一日に仙台に共にいた人としての共感」や「韓国人・日本人・中国人、お互いいろいろ言ったり言われたりしていますけれど、私は自分自身は『地球人』だと思っています」といった語りが収められています。郭基煥（二〇一三a）がこうした一種の「災害ユートピア」的な語りから一定のリアル・ユートピア像を引き出そうとしていますが、その様子はたしかにこの本から見えてきます。天声人語の「らしい」という推測に基づくエッセイは、ナショナリスティックな憶測のうえに築かれたものではないでしょうか。

大震災後の「日本人はすごい」「日本人がんばれ」言説は、被災したのは日本人だけではなく、国際結婚移住者、研修生／技能実習生、留学生など、外国にルーツをもつ人びとも多数が被災した事実を覆い隠すかのような効果も持ちました。少なくとも、外国人にはあまり光が当てられなかったのです。復興のプロセスにおいてもそうです。ある学会の会合で東北の地方自治体の復興政策の比較研究をしていた社会学者に、外国人に関する政策はどうなっているかと質問すると、そこまでは調べていませんという返事が返ってきて驚いたことがあります。

さて、被災外国人の現状をある程度把握した後、筆者の調査は外国人支援の様子を明らかにすることに重点を移しました。すでに触れてきたような、元留学生、国際結婚移住者、そして支援に乗り出した外国帰りの日本人などのボランタリーな活動を目の当たりにして、筆者はタコツボ的なマルチカルチュラル（多文化的）な状況を、相互主観的な交流（西原二〇一〇）を主眼とするインターカルチュラル（間文化的）な関係性へと高めていくには、外国にルーツをもつ被災者への人びとの共振＝共感とともに、そうした被災者と地元民との間の「媒介者」として活躍している人びとの存在がきわめて重要だと認識したわけです（西原・芝・小坂二〇一四）。それは、社会関係論的には、マイノリティとマジョリティとをつなぐ「第三者」としての活動です。閉じられがちな自他の二者関係に第三者が介在して社会関係が進展するという、そうした三者関係論は社会学者のゲオルク・ジンメルやミードが着目していた論点でもありました。そのような第三者を筆者は「間文化的媒介者」と呼んで注目してきたことは、本書でもすでに触れてきました。

しかしながら――そして以下の事態が筆者にとってはとても重要だと思われるのですが――その後も被災外国人と支援者の問題の調査研究を続けていくなかで、震災後四年経った頃から、その状況に少しずつ変化も見え始めてきていることに気づきました。その変化のなかでとくに着目に値するのは、このような媒介者たちが、外国人だけでなく、障害者(例をカッコ内で示しておくとすると、仕出し弁当の提供[以下、括弧内は例示です])、高齢者(介護福祉士を交えた交流会の開催)、病弱者(花火大会など入院患者との交流)、子ども(学校の遊具施設の修復)への支援、あるいは地域の人びとと国際結婚女性移住者との交流への支援(交流のための建物の建設)、さらには耕作放棄地が目立つ地域の農業者や壊滅的な打撃を受けた漁業者への支援活動を始めていることでした。後者の二つの農業者、漁業者への新たな支援は次のようなものです。すなわち、宮城県の内陸部の耕作放棄地を借り受けて、収益性の高い商品作物(第一次産業)を手掛けて加工(第二次産業)から販売(第三次産業)まで手広くこなして「六次産業化」を図ろうとしている人の活動、および宮城の海産物と関東の農産物とを組み合わせて、関東を中心に販路を広げて、宮城の漁業を活性化しようとする試みる人の活動です。このあたりは、本書第三章で触れた「ソーシャル・イノベーション」の発想と非常に近いものがあります。いずれにせよ、こうした形で、震災後五年目以降に向けて――その成否は今後の結果を待つ必要がありますが――いま着々と支援の対象の拡大が推し進められています。

要するに、筆者が震災四年後に被災地で見出したものは、ナショナルな点でマイノリティである人びとに対するだけでなく、他のさまざまな社会的マイノリティと称される人びとに対しても、「間文化的媒介者」が活躍し始めている点でした。ヌスバウムのケイパビリティ論が脳裏をよぎったことはいうまでもありません。もちろんそこには、そもそもそうしたさまざまな支援の活動を過去におこなっていた人びと、あるいはそうした志向性をもっていた人びとが、大震災以降は被災者支援に特化して活動し、被災地が立ち直りつつある現状ではさまざまなマイノリティ支援に復帰しつつある／乗り出しているとか、あるいはもっと穿った見方をすると、被災者支援だけではもはや補助金や寄付金が得にくくなり、支援の枠を広げなければならない現実的インセンティブが働いている、といった見方もできるでしょう。しかし、かりにそうした事情があるにせよ、被災者支援をふまえた震災後五年という節目を前後して、共感をもって多様なマイノリティへの支援の活動が実際に始動していることは重要な点ではないでしょうか（西原・樽本 二〇一六、の最終章の拙稿参照）。

これは、上述のヌスバウムの言葉を用いれば、身体、感性、共生、連帯を求める活動です。そして、これは大胆な着想ですが、こうした活動も、一種のコスモポリタン的な活動といえるのではないのでしょうか。筆者は次のように考えてみました。こうした活動は、生活の場に焦点化しつつ、トランスナショナルな時代に対応するグローバルな視点と日常の生活世界におけるローカルな実践とを同時に射程に入れる志向性（「グローカルな」志向性）を、さらにナショナルな（国民）文化だけでなく、さまざまな文化（身体・精神・知的の障害者文化や高齢者を含む世代文化、あるいは農水産業地帯の地域文化や低所得者層の階層文化などを含む）へと拡がる志向性ではないのかと。そしてそれは、日常の生活世界の足下から平等かつ自由な社会を構想していく出発点となるような実践ではないだろうか、と。それはもちろん、現時点で、国際的規模での「法制的なコスモポリタニズム」に直接作用するものではないかもしれませんが、人びとの近代国民国家への問い直しの契機をも含みつつ、グローバル・ガバナンスの基礎となる新たな秩序形成・社会生成への志向とつながっていくとすれば、それもまた一つの――しかもきわめて重要な多「文化」共生的な――コスモポリタニズム（草の根の／下からのコスモポリタニズム、あるいは土着の（vernacular）／日常的な（banal）コスモポリタニズム）とみなすこともできるように思われます（バーバ　二〇〇九、参照）。

ただし、その場合は、哲学的にせよ、社会科学的にせよ、これまでの既存のコスモポリタニズムの規定を変更する必要があります。分りやすく日本語訳を例にとって考えるとすると、「コスモポリタニズム＝世界市民主義」ではなく、「コスモポリタニズム＝世界人主義」あるいはもっと適切には、「コスモポリタニズム＝世界万人対等主義」とでも訳せるような立場です。つまり、国民だけに特化せずに、それゆえ「外国人」という枠も取り除き、あえていえば「万人」「世界中みんな」という意味で、したがってそこには、障害者もＬＧＢＴの人も、あるいは高齢者も女性も子どもも、地球規模で対等の資格・権利をもった存在者として、対等に相互行為を取り結ぶことができるという点（「ダイバーシティ」）を出発点にするよう考えていく方向性です。

もちろん、そのためには一定の具体的な指針＝理念、あるいは社会環境デザインが求められるでしょう。それがないと、単なるお題目になってしまうでしょう。その点に関しては、次節で考えてみようと思います。少なくともいまここでは、東日本大震災における被災外国人とその支援者をめぐる調査研究からみえてきた一種の「リアル・ユートピア」の可能性に着目しておきたいと思います。

## 二　理念としてのトランスナショナリズム——社会環境デザイン論へ

おそらく、トランスナショナリズムにおいて、ナショナルなものを「トランス」していくことには、ナショナリティ関連だけにとどまらない平等と自由への願い、つまりは多様な社会的マイノリティとの「共生」も求められることになります。筆者としては、それこそが世界に住まう万人の共生や連帯の基盤としての「コスモポリタニズム」だといえるのではないかと考えているわけです。それは、哲学倫理的なコスモポリタニズムを念頭におきながらも、社会学を中心に社会科学がいま着目すべきで、かつ日常生活者が実践し始めているコスモポリタニズムに関する(被災直後の助け合いに見られた「災害ユートピア」とも異なる)復興過程における一つの「リアル・ユートピア」の例ではないかと考えられることを前節で指摘してきたわけです。

そこで注目したいのは、ナショナリティへの問いが、地球に住むあらゆる人びとへと拡大されたコスモポリタンなトランスナショナリズムへと拡がる地平です。それはまだ部分的ではあれ、対等な人間としての関係性をもって、しかも下からの日々の実践として営まれ始めている地平なのです。もちろん、現実には排外主義的な人びとも存在し、国家の政策的制約も大きな論点です。しかし、「理念としてのトランスナショナリズム」を、こうしたコスモポリタンな方向で少しずつ実践している人びとへの着目から考えていくことは、一種の希望の光となりうると思われるのです。

そこで、いずれにせよ、こうしたユートピア的な発想は、具体的な制度設計を伴う「社会イノベーション論」の「社会環境デザイン」としてはどのように考えられるのでしょうか。ここではあくまでも試論ですが、このことに関するいくつかの命題を提出してみようと思います。もちろん、ヌスバウム風にいえば、それは今後の議論のための、あくまでも暫定的な提言に過ぎません。他の人びとも含めた今後の検討によって、それはさらに整理され、拡大され、あるいは縮小さえ余儀なくされるいわばたたき台です。とはいえ、まったくの思い付きで語るつもりはありません。参考になるのは、最近のマンフォード・スティーガーの研究です。

スティーガーは、グローバル化に関する小さな本(邦訳は『一冊でわかる新版グローバリゼーション』で世界的に著名となった研究者です(Steger 2009＝二〇一〇、ただしこれは第二版で、その後彼は二〇一三年に新たな序文付の第三版を刊行しています)。スティーガーはこれまで主として政治学や歴史学を中心とする国際関係の分野で活躍していましたが(Steger 2008)、本人の言によれば「自分の仕事は社会学研究」で、今後は社会学に身を置くことになる研究者です。

さて、彼は研究仲間たちと一緒に、前述したＷＳＦ（世界社会フォーラム）に属する（アジア・アフリカ・南米を含む約二五か国から）ＴＳＭＯ（トランスナショナルな社会運動組織）の四五の団体を取り上げて、関連文書やホームページでその主張を調べ（さらに二〇団体にはインタビュー調査を実施して）、それぞれの主張をまとめています（Steger 2012, 2013）。ＡＢＣ順にならんでいる団体リストから順番に主要な関心を取り出すと、トービン税、女性の権利、社会正義、健康、食糧、人権、平等、民主、教育、マイノリティ、先住民、などの領域を示すことができます。そして、さらに全体としてこれらの団体が何を主張しているかを五つにまとめています。簡略に示しますと、

（1）ネオリベラリズムによって道徳的、経済的に世界には深刻な危機がもたらされている
（2）市場牽引型グローバル化がとくに「南」の人びとに不平等や不正義をもたらしている
（3）正義・持続性・説明責任などを求める市民団体への積極的な参加が不可欠である
（4）権利擁護と過度の市場拡大の防止のためには民主的で透明性をもつ政府が重要だ
（5）人びとと地球の未来のため正義と持続性を求めるもう一つのグローバル化が必要

以上です。ここからスティーガーは「市場のグローバル主義」（Market Globalism）ではなく、「正義のグローバル主義」（Justice Globalism）を説くのですが、グローバリズムという語の用い方を含めて、彼の主張そのものは別の機会に検討してみたいと思います。ここでは、世界の代表的なＮＧＯがどのような主張を掲げているのかのまとめだけ示しておきました。

もう一つの例を挙げてみましょう。それは、ベーシック・インカムとして知られている考え方についてです。人びと（国

民)に、一定額の基本所得保障金ないしは基本生活保障金を直接給付する制度案です。分りやすい例を考えてみましょう。たとえば一億人の国で、国民全体で年間二四〇兆円の収入があるとすれば、そのうちの一二〇兆円をいったん税金として徴収し(つまり個人の所得の半分ですね)、それを一億人の人びとに基本生活保障金として一律に配布するような発想です(諸経費は考えに入れないものとします。分りやすくするためです)。そうすると、一二〇兆円÷一億人で、一人当たり年間一二〇万円となります。月額にすると、一〇万円です。原則一律一人当たり(子どもも、退職した高齢者も、入院中の方も)ですから、四人家族ならば月額四〇万円となります。なお、働いている人は、個人所得の半分は手元に残っているのですから、収入の半分＋基本生活保障金となります。これが日本の場合だとすると、それなりに生活していける額になるのではないでしょうか。子どもが多ければ多いほど給付を受けられるとすると、親は積極的に子供を作ろうとする……かどうかは分りませんが、この例では、働くことができない単身者には少し厳しいかもしれません。その場合は別の手立てを考えなければならないでしょう。

さて、このような「机上の空論」をあえてしたのには、理由があります。このベーシック・インカムには賛否両論あります。賛成の方でさえも、実現可能性はそれほど高くない、理想論だと思っている人も少なからずいると思われます。筆者もその一人です。しかしながら、先日、ビックリするようなニュースが飛び込んできました。フィンランド政府が次年度からベーシック・インカムを導入するというニュースです(ガーディアン誌などが報じたようですが、これ自体は誤報に近く、そう遠くない時期に実施するための本格的な調査に入ったというのが実情のようです)。大学の学費も無料のフィンランドは人口五〇〇万人あまりの小さな国ですから、やれると思う方も少なくないでしょうし、EUの他の国でも導入を検討している国があるようです。一見、「机上の空論」のように思えても、なにやら実現可能性が出てきたわけです。

ただし、筆者から見れば、このベーシック・インカムには一つ大きな問題があります。それは、このベーシック・インカムを一つの国だけで実施するとすれば、豊かな国と貧しい国の格差は、縮まるどころか、拡がる一方かも知れません。「北の富める国」(Global North)と「南の貧しい国」(Global South)の格差問題は解決されないでしょう。ですので、ベーシック・インカムに関しては、一国のみの実施では問題が残ります。むしろ、世界全体が、その方向で取り組むようなグローバルな取り組みが必要となるでしょう。これで南北問題、世界の格差問題や貧困問題が一気に解決とはいかないまでも、一歩前進であることは確かでしょう。それでも、それはますますの夢物語、机上の空論だと再度批判されるでしょう。しかし、グローバル化が進み、情報社会化も進展している現在、いや一〇〇年後、二〇〇年後に不可能かどうかは分りません。少なくとも、国単位でのベーシック・インカムですら「机上の空論」と思われていたことが、実現に向けて動き始めているのです。一〇〇年後、二〇〇年後を見据えたグローバルな社会制度設計への志向が必要なのではないでしょうか(なお、日本では、広井良典(二〇〇九)が地球社会の理論のために「グローバル定常型社会」を提唱しています。戦争や差別への視点はあまりみられず、筆者の立場と同じではないですが、興味深い試みとして挙げておきましょう)。

じつは、以上の志向・思考・試行が本書の「社会イノベーション論」の「社会環境デザイン論」で提示してみたかった事柄なのです。それは、一〇〇年後の社会制度設計(=社会環境デザイン)を見据えようとする理念論的な考え方なのです。しかもそれは、すでに述べてきたように、トランスナショナルに、グローバルに考える必要があります。その「机上の空論」を、あくまでも暫定的なものですが、次に示してみましょう。それは「国際社会学」の立場から、理念論的トランスナショナリズムに基づく社会環境デザインの方向性を示し、検討の素材とするためのものです。その方向性は次のように示すことができるでしょう。括弧内は補足です。

①国境問題:国籍・移動の柔軟化と移住者の政治参加保証

（開かれたローカリティとしてのトランスナショナルでグローカルな共生）

②企業問題：超国籍企業の国際的監視やトービン税的課税

（グローバルな制御システムとグローバルな財源確保の方法）

③平和問題：核廃棄・反戦平和維持・原発の見直しの推進

（新しい平和維持システム構築と脱原発促進）

④教育問題：教育（とくに科学技術系と社会言語系）の拡充

（基盤としての人文社会系と開かれた研究教育のコミュニティ）

⑤対話問題：通訳・翻訳システム（電子翻訳含む）の確立

（英語米語帝国主義からの脱却：一種のグロービッシュの確立）

⑥情報問題：情報コミュニケーションシステムの積極活用

（ネット・メール・SNS・スカイプ等の進化・拡充・活用）

⑦環境問題：地球規模の自然環境保全システムの整備拡大

（自然保護団体のグローバル・ネットワーク化）

⑧貧困問題：グローバルなベーシック・インカム的基本生活保障

（国益から国際益への転換による格差・貧困問題への対処）

⑨弱者問題：マイノリティへの社会的サポートシステムの構築

（外国人・障害者・高齢者・子ども・女性・多様な疾病者など社会的弱者への支援）

⑩人権問題：自由および平等、そして反差別の観念の普及

（ヴァルネラブルな人間のヒューマン・ライツ）

⑪支援問題：国際NGO／NPO的な諸団体の積極的展開

（ソーシャル・ビジネスの活用も視野に入れる）

⑫南北問題：北の技術／資金の、南への移転と南北交流の促進

（当面の日本的課題としては、「東アジアから環太平洋」へ）

いかがでしょうか。やはり机上の空論、夢物語だと思われるでしょうか。あるいは、むしろ多くのNGO／NPOも提唱している「常識的」なものに過ぎないと思われる方もいるでしょう。そうです、先にスティーガーがまとめたWSF関連団体の主張とも重なる、トランスナショナルな社会運動団体（TSMO）が主張していることをまとめただけだと思われて一向に構いません。筆者の狙いは、むしろ、一〇〇年先、二〇〇年先を見越したこうした「社会環境デザイン」論が、社会学ではほとんど論じられていない点に一石を投じたい点にあります。だからこそ、国際社会学的な視点から、あえて無謀な「冒険」を犯してみたかったのです。繰り返しますが、右の一二のリストはあくまでも「たたき台」です。過不足や内容の修正も含めて、議論は開かれています。いや、こうした議論が広がって、さまざまに論じられることこそ、筆者が希望するところです。ですので、これ以上の説明をここでおこなうつもりはありません。それぞれが、それぞれの立場で考えてほしいと願うばかりです。筆者も考え続け、議論し続け、可能な範囲で実践もしてみたいと考えております。ですので、この節は以上までとします。最後は、本書全体のまとめです。

## 三　コスモポリタンなトランスナショナリズムと社会イノベーション論の地平へ

すでに触れたことですが、これまで国際社会学的な「移民研究」では、ミクロなレベルでの移民の動機を探って、その主観的な動因と誘因を検討するプッシュ・プル理論や、マクロなレベルでの資本主義の発展の差異や南北格差問題の由来などを歴史社会的に検討する歴史構造論、そしてそれらの中間的なメゾレベルでは、先に移住していた親族や知人などとの社会関係が人の移動を活性化するものとして考える移民ネットワーク論などが検討されてきました。そしてそれらは、多くの知見を私たちにもたらしてくれました。そうした先行研究に新たに理念・理想の地平を重ねて考えようとする方向性もまた、いま国際社会学の課題の一つではないでしょうか。それは、既存の移民政策を批判し、さらには移民・移住者たちの置かれている問題状況を克服しようと努める人びと(社会運動や社会イノベーションの実践家など)が暗黙の裡に懐いている主観的思いを、あらためて問い直しつつ精緻化していくことにも役立つ国際社会学的な課題であろうと思われます。このような課題の追究は、かつての哲学的なコスモポリタニストがおこなった孤独な営みとは異なる地平にあると考えていますが、既存の狭い社会観を超えるという点では、基本的にそれらの発想を受け継ぐものであるように思われます(以上の記述は、西原・樽本編二〇一六の拙稿の終章を踏襲しています)。

ただし、理論的には、一足跳びに遠くまで行ってしまうような見解にはただちに従うことはできないと考える人も多いでしょう。それは現実的ではないとか、実際に他国で生活を営む移動者たちの日常的な生活世界からは乖離してしまう恐れがあるなどの批判もあると思います。国家対立が存在する現状において、しかも国家的な現実的政策が求められている場では、絵に描いた餅にすぎない。そこで、苦悩する移動者たちを顧慮した、いわば短期的、中期的、そして長期的なヴィジョンが求められるわけです。短期的なものは、当座の政策変更を求める。ただしその背後には、社会創新の中長期的なヴィジョンが必要です。

とはいえ、特権的な国民国家に対して、今日では事実として国家の頭上(国連など)、国家の外側(周辺国など)、国家の足元(外国人移住者たち)が重要だということには留意しておくべきです。その点で、近代国民国家のあり方そのものの再検討が求められていると思われます。近代国民国家と深く関わる多文化主義それ自体の問題点をその内部から超脱していくためにも、今後とも多文化の内実をさらにきちんと捉えなおしつつ、同時になお目指すべき理念理論を問い続けることを促すような方向性が求められているのではないでしょうか。

結びの言葉のまえに、ここで再度、ベックの方法論的ナショナリズム批判について触れておきましょう。ベックはまず経済を中心とするグローバル化と区別して、人びとがグローバル時代に「コスモポリタン化」していることを指摘していました。そしてこの指摘は、前述のような彼の「方法論的ナショナリズム」批判と深く関係しています。筆者もしばしばいろいろな箇所で引用していますが、ベックは「システムと生活世界の分離」を説くハーバーマスとは異なって、「個人の情況はシステムと生活世界の双方の領域にまたがる形で位置している」と述べ、「個々人の人生は、ますますその直接的な生活圏から解き放たれ」、「国境を越え、専門家の境界を超えて存在する抽象的な道徳に身をさらすようになる」と述べます。だが、「個々人の人生はすでに世界社会に対して開かれて」おり、「さらに世界社会(Weltgesellschaft)は、個々人の人生の一部である」にもかかわらず、「政府は(依然として)国民国家の枠組みのなかで行為する」(Beck, 1986: 219＝一九九八：二六九—二七〇)と付け加えます。

このような認識のもとでベックは、「伝統的な学問による検討だけでは古い思想の殻を打ち破ることはできない。……代表性[調査のサンプルの正確な代表性を意味するのでしょうが、ここでは調査研究の客観性や実証性を広く指すと了解しておきます：引用者の注］を重視する論述は過去の忠実な再現でしかない」と述べ、「私の論述は…（中略）…未だなお支配的である過去と対照することにより、今日すでにその輪郭をみせている未来を視野の内に据えることを追求するものである」（Beck 1986: 12 = 一九九八：八）と述べていました。これはまさしく、これまでの国家内社会だけを対象としてきた伝統的な社会学に対する批判であることは間違いないでしょう。彼と会ったときにそれは確認済みです。だが、こう述べていたベックは、すでに指摘しましたが、二〇一五年元旦に心臓発作で急逝してしまいました（享年七〇歳）。彼との交流の機会を何回か持つことができた筆者としては、オーリン・ライトのいうような「リアル・ユートピア」（繰り返しておけば、十全な形ではどこにもないユートピアだが、その片鱗・輪郭はリアルなものとなりつつある実践や思考）を探しながら、ベックの越境する思考と実践をさらに「グローカル」に進める必要があると、いま考えています。

＊＊＊

本書は、越境や移動にまつわるエピソードから始め（プロローグ）、社会学と多文化社会の問題に触れ（第一章）、そして社会学におけるナショナルなものとトランスナショナリズム論の整理に言及し（第二章）、さらに社会イノベーション論という視点に論及し（第三章）、加えてコスモポリタニズムの展開を正義論と社会学の視点から確認しつつ（第四章）、最後に、東日本大震災にも言及しながら困難を抱えつつある多文化主義を内側から乗り越える間文化主義にも論及して、コスモポリタンなトランスナショナリズムの可能性を論じてきました（第五章とエピローグ）。そして本書では、「越境する」という言葉を副題に含ませましたが、それは二重の意味での越境です。すなわち、①国境を越える発想をすることと、②既存の狭く限定された専門分野をも超えること、です。筆者が専攻する社会学においても、この二重の意味での越境・超越が、トランスナショナリズムだけでなく、コスモポリタニズムや多文化主義・間文化主義の理論化の際にも求められていると考えております。二一世紀を生きる私たち社会学者としては、そうした探求を「open-endless」（ヌスバウム）な理念・規範の現実性と必要性の要請として、今後とも問い続けるべき課題を負っていると考えています。

最後に、社会学と国際社会学との関係に簡潔に論及しておきましょう。筆者の立場からいえば、既存の社会学に新たな国際社会学の分野を付け加えるというように考えるのではなく、むしろこれからの社会学は、国際社会学こそが中心となって、それぞれの個別の社会学がさらに検討を重ねていく、そうした関係にあると考えています。その場合に、国際社会学という日本語表記が、国家を前提とするかのような国際的(inter-national)な視点であれば、それには問題が残ります。そうだとすると、国際社会学の名称は、英語では、transnational sociology か、global sociology か、あるいは cosmopolitan sociology や planet sociology でも構いません。ただ当面は、日本語の名称にはこだわらないつもりです。日本語で定着しつつある用語で、かつ学生や一般読者の関心を惹くのは「国際社会学」という表記だと思われます。ただし英語では、梶田孝道の例にならい、Transnational/Global Sociology と表記するのが現時点では妥当だと思っています。ヨーロッパの社会学会や国際社会学会では、global sociology の部会が複数成立しているのと対照的に、日本社会学会では皆無に近い状態です。そうした日本の社会学会の現状に、一石を投じるような小著になれば幸いです。

＊　＊　＊

本書の基になった論考は、西原(二〇一五a/b/c)ですが、プロローグやエピローグの書き下し部分を含めて大幅に書き換えております。なお、本書の出版に当たり、その費用の一部は、成城大学の助成金(「平成二七年度成城大学科学研究費助成事業等間接経費による研究支援プロジェクト」の「研究成果の公表(出版等助成)支援」)を活用していることも申し添えておきます。

末筆ながら、こうした国際社会学ブックレットの企画に理解を示し、多大なご支援を賜っている東信堂の下田勝司社長、および細かな指摘を含め短期集中でご尽力いただいた編集担当の向井智央氏に深く感謝申し上げます。

# 文献

安達智史 二〇一三『リベラル・ナショナリズムと多文化主義——イギリスの社会統合とムスリム』勁草書房

有田伸・山本かほり・西原和久編 二〇一六『国際移動と移民政策——日韓の事例と多文化主義再考』(国際社会学ブックレット第2巻)東信堂

安里和晃編 二〇一一『労働鎖国ニッポンの崩壊』ダイヤモンド社

ATTAC編 二〇〇一『反グローバリゼーション民衆運動——アタックの挑戦』杉村昌昭訳、つげ書房新社

バーバ、K・ホミ 二〇〇九『ナラティヴの権利——戸惑いの生へ向けて』磯前順一・ダニエル・ガモリア編訳、みすず書房

馬場伸也 一九八〇『アイデンティティの国際政治学』東京大学出版会

Beck, U., 1986, *Risikogesellschaft: Auf dem Weg in eine andere Moderne*, Suhrkamp. ＝一九九八、東廉・伊藤美登里訳『危険社会——新しい近代への道』法政大学出版局

Beck, U., 1998, The Cosmoporitan Manifesto, *New Statesmen*, 20 March.

Beck, U., 2002, The Cosmopolitan Society and its Enemies, *Theory, Culture & Society*, 19(1/2).

Beck, U., 2006, *Cosmopolitan Vision*, Polity Press.

ベック、U 二〇一一「第二の近代の多様性とコスモポリタン的構想」U・ベック・鈴木宗徳・伊藤美登里編『リスク社会化する日本社会』岩波書店

Cantle, T., 2012, *Interculturalism*, Palgrave and Macmillan.

Cantle, T., 2013, Interculturalism as a new narrative for the era of globalisation and super-diversity, Barrett M. (ed.), *Interculturalism and multiculturalism: similarities and differences*, Council of Europe Publishing.

Castles, S. and Miller, M. J., 2009, *The Age of Migration: International Population Movements in the Modern World* (Forth Edition), Palgrave and Macmillan. ＝二〇一一、関根政美・関根薫訳『国際移民の時代』名古屋大学出版会

Cohen, J. ed., 1996, *For Love of Contry: Debating the Limits of Patriotism*, Beacon Press. ＝二〇〇〇、辰巳伸知・能川元一訳『国を愛するということ——愛国主義(パトリオティズム)の限界をめぐる論争』人文書院

Council of Europe, 2008, *White Paper on Intercultural Dialogue: 'Living together as Equals in Dignity'*, Council of Europe Publishing.

陳天璽(Chen Tengi) 二〇〇五『無国籍』新潮社

Crossley, N., 2002, *Making Sense of Social Movement*, Open University Press. ＝二〇〇九、西原和久・郭基煥・阿部純一郎訳『社会運動とは何か——理論の源流から反グローバリズム運動まで』新泉社

Delanty, G., 2000, *Citizenship in a Global Age*, Open University Press. ＝二〇〇四、佐藤康行訳『グローバル時代のシティズンシップ——新しい社会理論の地平』日本経済評論社

Delanty, G., 2009, *The Cosmopolitan Imagination: The Renewal of Critical Social Theory*, Cambridge University Press.

Delanty, G. (ed.), 2012, *Routledge Handbook of Cosmopolitanism Studies*, Routledge.

Delanty, G and Inglis, D. (eds.), 2011, *Cosmopolitanism I~IV*, Routledge.

Elliott, A. and Urry, U., 2010, *Mobile Life*, Routledge.

藤田弘夫 一九九六「権力と社会」藤田弘夫・西原和久編『権力から読みとく現代人の社会学・入門』有斐閣

藤田結子 二〇〇八『文化移民——越境する日本の若者とメディア』新曜社

Gellner, E., 1983, *Nations and Nationalism*, Blackwell. ＝二〇〇〇、加藤節監訳『民族とナショナリズム』岩波書店

Giddens, A., 1985, *The Nation-State and Violence*, Polity Press. ＝一九九九、松尾精文・小幡正敏訳『国民国家と暴力』而立書房

ジョージ・S 二〇〇四『オルター・グローバリゼーション宣言』杉村昌昭・真田満訳、作品社

Habermas, J. 1996, *Die Einbeziehung des Anderen: Studien zur politischen Theorie*, Suhrkamp. ＝二〇〇四、高野昌行訳『他者の受容——多文化社会の政治理論に関する研究』法政大学出版局

Hage, G., 1998, *White Nation: Fantasies of White Supermacy in a Multicultural Society*, Pluto Press. ＝二〇〇三、保苅実・塩原良和訳『ホワイト・ネイション——ネオ・ナショナリズム批判』平凡社

ハージ・G 二〇〇七「存在論的移動のエスノグラフィ」塩原良和訳、伊豫谷登士翁編『移動から場所を問う』有信堂

Hardt, M. and Negri, A., 2000, *Empire*, Harvard University Press. ＝二〇〇三、水島一憲ほか訳『帝国——グローバル化と世界秩序とマルチチュードの可能性』以文社

Harvey, D., 2009, *Cosmopolitanism and the Geographies of Freedom*, Columbia University Press. ＝二〇一三、大屋定晴ほか訳『コスモポリタニズム——自由と変革の地理学』作品社

Hegel, G. W. F., 1970, *Grundlinien der Philosophie der Recht*, Hegel Werke in zwanzig Bänden, Bd. 7, Suhrkamp. ＝二〇〇〇、上妻精・佐藤康邦・山田忠彰訳『法の哲学（上）』岩波書店＝二〇〇一、上妻精・佐藤康邦・山田忠彰訳『法の哲学（下）』岩波書店

Hegel, G. W. F., 1840, *Vorlesungen über die Philosophie der Geshichte*, Surkamp. ＝一九九四、長谷川宏訳、『歴史哲学講義（上・下）』岩波書店

Held, D. 1995, *Democracy and the Global Order: From the Modern State to Cosmopolitan Governance*, Cambridge: Polity. ＝二〇〇二、佐々木寛ほか訳『デモク

ラシーと世界秩序——地球市民の政治学』NTT出版

Held, D. 2010, *Cosmopolitanism: Ideals and Realities*, Polity. ＝二〇一一、中谷義和訳『コスモポリタニズム——民主政の再構築』法律文化社

Held, D. and McGrew, A., 2002, *Globalization/Anti-Globalization*, Polity. ＝二〇〇三、中谷義和・柳原克行訳『グローバル化と反グローバル化』日本経済評論社

東日本大震災在日コリアン被災体験聞き書き調査プロジェクト編 二〇一五『異郷被災——東北で暮らすコリアンにとっての3・11』荒蝦夷

Hobsbawm, E. and Ranger, T. (eds.), 1983, *The Invention of Tradition*, Press of the University of Cambridge. ＝一九九二、前川啓治・梶原景昭訳『創られた伝統』紀伊國屋書店

広井良典 二〇〇九『グローバル定常型社会——地球社会の理論のために』岩波書店

廣松渉 一九八六『物象化論の構図』岩波書店

廣松渉 一九九二『哲学の越境——行為論の領野へ』勁草書房

廣松渉 二〇〇七『もの・こと・ことば』ちくま書房

池岡義孝・西原和久編 二〇一六『戦後日本社会学のリアリティ——せめぎあうパラダイム』東信堂

Illich, I., 1973, *Tool for Conviviality*, Harper and Row. ＝一九八九、渡辺京二・渡辺梨佐訳『コンヴィヴィアリティのための道具』日本エディタースクール出版部

井上達夫 二〇一二『世界正義論』筑摩書房

入江昭 二〇一四『歴史家が見る現代世界』講談社

岩渕功一 二〇〇一『トランスナショナル・ジャパン』岩波書店

郭基煥 二〇一三a「災害ユートピアと外国人」『世界』八三九号(二月号)

郭基煥 二〇一三b「韓国とポストコロニアル」西原・保坂編 二〇一三 所収

Kant, I., 1984[1795], *Zum ewigen Frieden*, Reclam. ＝一九八五、宇都宮芳明訳『永遠平和のために』岩波書店

梶田孝道 一九九六『国際社会学のパースペクティブ』東京大学出版会

梶田孝道編 一九九二『国際社会学』名古屋大学出版会

梶田孝道・丹野清人・樋口直人 二〇〇五『顔の見えない定住化』名古屋大学出版会

柏崎千佳子 二〇〇九「日本のトランスナショナリズム——移民・外国人の受け入れ問題と公共圏」佐藤成基編『ナショナリズムとトランスナショナリズム』法政大学出版局

片倉もとこ 一九九五『「移動文化」考』日本経済新聞社（→一九九七 岩波書店）

加藤恵津子 二〇〇九『「自分探し」の移民たち――カナダ・バンクーバー、さまよう日本の若者』渓流社

萱野稔人 二〇一二「国家」大澤真幸・吉見俊哉・鷲田清一編『現代社会学事典』弘文堂

King, R. et al., 2010, *The Atlas of Human Migration*, Myriad Editions. ＝二〇一一、竹沢尚一郎・稲葉奈々子・高畑幸訳『移住・移民の世界地図』丸善出版

近畿弁護士会連合会人権擁護委員会国際人権部会大阪弁護士会選択議定書批准推進協議会編 二〇一二『国際人権条約と個人通報制度』日本評論社

小井戸彰宏 二〇〇五「グローバル化と越境的社会空間の編成」『社会学評論』第五六巻第二号

古河敬太 二〇一四『コスモポリタニズムの挑戦――その思想史的考察』風行社

駒井洋 一九八九『国際社会学研究』日本評論社

Kymlicka, W., 1995, *Multicultural Citizenship: A Liberal Theory of Minority Rights*, Oxford University Press. ＝一九九八、角田猛之・石山文彦・山崎康仁訳『多文化時代の市民権――マイノリティの権利と自由主義』晃洋書房

Long, H. S., 1964, *Diogenis Laertii Vitae Philophorum*, 2 vols, Oxford Classical Texts. ＝一九八九、加来彰俊訳『ギリシャ哲学者列伝（中）』岩波書店

Mead, G. H., 1934, *Mind, Self, and Society*, Univerity of Chicago Press. ＝一九七四、稲葉三千男・滝沢正樹・中野収訳『精神・自我・社会』青木書店

Meer, N. and Modood, T., 2011, How does Interculturalism Contrast with Multiculturalism?, *Journal of Intercultural Studies*, 33(2), 175-196.

Merleau-Ponty, M., 1945, *Phemonenologie de la perception*, Gallimard. ＝一九六七、竹内芳郎・小木貞孝訳『知覚の現象学1』みすず書房．＝一九七四、竹内芳郎・木田元・宮本忠雄訳『知覚の現象学2』みすず書房

宮島喬・佐藤成基・小ヶ谷千穂編 二〇一五『国際社会学』有斐閣

Moulaert, F. et al. eds., 2013, *The International Handbook of Social Innovation: Collective Action, Social Learning and Transdisciplinary Research*, Edward Elgar Publisher.

村本孜 二〇〇五「将来を切り開くイノベーションを目指して」日本私立大学連盟『大学時報』№三〇二

大澤真幸 二〇〇七『ナショナリズムの由来』講談社

大澤真幸・姜尚中編 二〇〇九『ナショナリズム論・入門』有斐閣

長友淳 二〇一三『日本社会を「逃れる」――オーストラリアへのライフスタイル移住』渓流社

西原和久 一九九四『社会学的思考を読む――社会学理論と「意味の社会学」のプロレゴメナ』人間の科学社

西原和久 一九九八『意味の社会学――現象学的社会学の冒険』弘文堂
西原和久 二〇〇三『自己と社会――現象学の社会理論と〈発生社会学〉』新泉社
西原和久 二〇一〇『間主観性の社会学理論――国家を超える社会の可能性［1］』新泉社
Nishihara, K., 2010, The Development of Japanese Sociological Theory and its 'Responsibility' to the Asian Future, *Colloquium: The New Horizon of Contemporary Sociological Theory*, No.5, Shinsen-sha.
西原和久 二〇一一a「グローバル化・移動・社会学実践」『書斎の窓』六〇四号、有斐閣
西原和久 二〇一一b「越境する人びと――八ヶ岳東南麓の外国人農業研修生」『コロキウム：現代社会学理論・新地平』第六号、新泉社
西原和久 二〇一二「東日本大震災と外国人居住者の問題」『コロキウム：現代社会学理論・新地平』第七号、新泉社
西原和久 二〇一三a「グローバル化」西原・保坂編、二〇一三、所収
西原和久 二〇一三b「社会学理論の現在から未来へ――理論研究におけるトランスナショナリズムの意味」『現代社会学理論研究』第七号、日本社会学理論学会
西原和久 二〇一三c「全球化时代的日本地震灾害与共生问题研究――在日中国女性劳动者的案例研究与〝跨国主义方法论〟」『地震・救援・重建的中日比較研究』吉林史文出版社
西原和久 二〇一三d「東日本大震災とマイノリティ――トランスナショナルな生活者の視線から」『学術の動向』第一八巻第一一号
Nishihara, K., 2013, Phenomenological Sociology in Japan and its Significance for Contemporary Social Research, in Elliott, A. et al. ed. *Contemporary Japanese Social Theory: From Individualization to Globalization in Japan today*, Routledge.
西原和久 二〇一四「交流・対立・理解―震災後日本におけるトランスナショナリズムの可能性を問う」『コロキウム：現代社会学理論・新地平』第八号
Nishihara, K., 2014, Past, Present, and Future of Studies in Japanese Sociological Theory: Challenges of the Society for Sociological Theory in Japan, *Messages to the World*, Japan Consortium for Sociological Committee.
西原和久 二〇一五a「トランスナショナリズムと社会のイノベーション――移動と共生の時代を問う21世紀社会論へのプロレゴメナ」『社会イノベーション研究』第一〇号第一巻
西原和久 二〇一五b「社会学の視点から多文化社会を問い直す――方法論的トランスナショナリズムの射程」『多文化社会研究』第一号
西原和久 二〇一五c「越境する実践としてのトランスナショナリズム――多文化主義をこえるコスモポリタニズムと間文化主義への問い」『グローカル研究』第二号

Nishihara, K. 2015, Après le tremblement de terre au Japon: la mission transnationale de la sociologie, *Socio, Revue des Editions de la Maison des Sciences de l'hom*, Vol.5.
西原和久編 一九九一『現象学的社会学の展開――A・シュッツ継承へ向けて』青土社
西原和久・油井清光編 二〇一〇『現代人の社会学・入門――グローバル化時代の生活世界』有斐閣
西原和久・保坂稔編 二〇一三『増補改訂 グローバル化時代の新しい社会学』新泉社
西原和久・芝真里・小坂有資 二〇一四「海を渡る移住者たち――大震災・移民・ローカルマイノリティ」『コロキウム：現代社会学理論・新地平』第八号
Nishihara, K. and Shiba, M., 2014, Migration and Migration Policy in Japan: Toward the 21st Century Multicultural Society, *A Quest for East Asian Sociologies*, Soul National University Press.
西原和久・芝真里編訳 二〇一六『国際社会学の射程――社会学をめぐるグローバル・ダイアログ』（国際社会学ブックレット第一巻）、東信堂
西原和久・樽本英樹編 二〇一六『現代人の国際社会学・入門』有斐閣（近刊）
Nussbaum, M. C., Nussbaum, M. C., 2006, *Frontiers of Justice: Disability, Nationality, Species Membership*, Harvard University Press. ＝二〇一二、神島裕子訳『正義のフロンティア――障碍者・外国人・動物という境界を越えて』法政大学出版局
Nussbaum, M. C., 2010, *Why Democracy Needs the Humanities*, Princeton University Press. ＝二〇一三、小沢自然・小野正嗣訳『経済成長がすべてか？――デモクラシーが人文学を必要とする理由』岩波書店
Nussbaum, M. C., 2013, *Creating Capabilities: The Human Development Approach*, Harvard University Press.
小熊英二 一九九五『単一民族神話の起源――〈日本人〉の自画像の系譜』新曜社
小熊英二 二〇一二『社会を変えるには』講談社
鬼丸昌也 二〇〇八『こうして僕は世界を変えるために一歩を踏み出した』こう書房
押村高 二〇〇八『国際正義の論理』講談社
Pogge, T., 2008, *World Poverty and Human Rights* (Second Edition), Polity. ＝二〇一〇、立岩真也監訳『なぜ遠くの貧しい人への義務があるのか――世界的貧困と人権』生活書院
Portes, A. and Rumbaut, R. G., 2001, *Legacies: The Story of the Immigrant Second Generation*, University of California Press. ＝二〇一四、村井忠正訳『現代アメリカ移民第二世代の研究――移民排斥と同化主義に代わる「第三の道」』明石書店
Rawls, A., 1999, *A Theory of Justice / Revised Edition*, Harvard University Press. ＝二〇一〇、川本隆史・福間聡・神島裕子訳『正義論（改訂版）』、

紀伊國屋書店

税所篤快 二〇一三『「最高の授業」を世界の果てまで届けよう』飛鳥新社

Schütz, A., 1932 *Der sinnhafte Aufbau der sozialen Welt*. Springer. ＝一九八二、佐藤嘉一訳『社会的世界の意味構成』木鐸社

Schutz, A., 1964, *Collected Papers, II: Studies in Social Theory*. Nijhoff. ＝一九九一、渡部光・那須壽・西原和久訳『シュッツ著作集 第3巻　社会理論の研究』マルジュ社

Schumpeter, J. A., 1926, *Theorie der Wirtschaftlichen Entwicklung*, 2. Aufl. ＝一九六二、中山伊知郎・東畑精一訳『資本主義・社会主義・民主主義（上）』東洋経済新報社

Schumpeter, J. A., 1950, *Capitalism, Socialism, and Democracy*, Third Edition, ＝一九七七、塩野谷祐一・中山伊知郎・東畑精一訳『経済発展の理論（上）』岩波書店

関根政美 二〇〇〇『多文化主義社会の到来』朝日新聞社

Sen, A., 2009, *The Idea of Justice*, Penguin Books. ＝二〇一一、池本幸生訳『正義のアイデア』明石書店

Simmel, G., 1908, *Soziologie: Untersuchungen über die Formen der Vergesellshaftung*, Dunker & Humbolt. ＝一九九四、居安正訳『社会学（上・下）』白水社

芝真里 二〇一三「重国籍と新しいアイデンティティ――韓国養子たちによる『重国籍』取得に向けた動きから」『移民政策研究』第五号、移民政策学会

Smith, M. P. and Guarnizo, L. E.(eds.), 1998, *Transnationalism from Below*, Transaction Publishers.

Smith, A., 1986, *Ethnic Origins of Nations*, Blackwell. ＝一九九九、巣山靖司ほか訳『ネーションとエスニシティ』名古屋大学出版会

塩原良和 二〇一〇『変革する多文化主義――オーストラリアからの展望』法政大学出版局

Solnit, R., 2009, *A Paradise Built in Hell: The Extraordinary Communities that Arise in Disaster*, Frederick Hill Bonnie Nadel. ＝二〇一〇、高槻園子訳『災害ユートピア――なぜそのとき特別な共同体が立ち上がるのか』亜紀書房

総務省 二〇〇六「多文化共生の推進に関する研究会報告書～地域における多文化共生の推進に向けて～」(www.soumu.go.jp/kokusai/pdf/sonota_b5.pdf)

Soysal, J. N., 1994, *Limits of Citizenship: Migrants and Postnational Membership in Europe*, University of Chicago Press.

Strange, S., 1996, *The Retreat of the Stage*, Cambridge University Press. ＝一九九八、櫻井公人訳『国家の退場』岩波書店

Steger, M. B., 2008, *The Rise of the Global Imaginary*, Oxford University Press.

Steger, M. B., 2009, *Globalization: A Very Short Introduction*, Oxford University Press. ＝二〇一〇、櫻井公人・櫻井純理・高嶋正晴訳『一冊でわかる新版グローバリゼーション』岩波書店

Steger, M. B. and Wilson, E. K., 2012, Anti-Globalization or Alter-Globalization? Mapping the Political Ideology of the Global Justice Movement, *International Studies Quarterly*, 56.
Steger, M. B, Goodmann, J. and Wilson, E. K., 2013, *Justice Globalism: Ideology, Crisis*, Policy, Sage.
鈴木江理子 二〇一六「非正規滞在者からみた日本の外国人政策――本音とタテマエ」有田ほか編、二〇一六、所収
鈴木弥香子 二〇一四「コスモポリタニズムの検討――グローバル化時代の新たなオルタナティブとしてのアクチュアリティと困難性」『現代社会学理論研究』第八号、日本社会学理論学会
高田保馬 一九四七『世界社會論』中外出版
樽本英樹 二〇〇九『よくわかる国際社会学』ミネルヴァ書房
樽本英樹 二〇一二『国際移民と市民権ガバナンス――日英比較の国際社会学』ミネルヴァ書房
Turner, B. S., 2006, *Vulnerability and Human Rights*, Pennsylvania State University Press.
上杉富之 二〇〇四「人類学から見たトランスナショナリズム研究」『日本常民文化紀要』第二四号
Vertovec, S. 1999, Conceiving and Researching Transnationalism, *Ethnic and Racial Studies*, 22(2).
Vertovec, S. 2009, *Transnationalism*, Routledge. ＝二〇一四、水上徹男・細萓伸子・本田量久訳『トランスナショナリズム』日本評論社
宇都宮京子編 二〇〇六『よくわかる社会学』ミネルヴァ書房
Urry, J., 2000, *Sociology Beyond Societies: Mobilities for the Twenty-First Century*, Routledge. ＝二〇〇六、吉原直樹監訳『社会を越える社会学』法政大学出版局
Weber, M., 1921, *Wirtschaft und Gesellschaft*, J. C. B. Mohr. 1972＝一九五三、阿閉吉男・内藤莞爾訳『社会学の基礎概念』角川書店＝一九六〇、石尾芳久訳『国家社会学』法律文化社
Westley, F., Zimmerman, B., and Patton, M. Q. 2006, *Getting to Maybe: How the World Is Changed*, Random House Canada. ＝二〇〇八、東出顕子訳『誰が世界を変えるのか――ソーシャルイノベーションはここから始まる』英治出版
Wright, E.O. 2010, *Envisioning Real Utopias*, Verso.
矢崎勝彦 二〇〇七『信頼農園物語――内発的公共性をひらく人心のイノベーション』地湧社
矢崎勝彦 二〇一一『内発的自然感覚で育みあう将来世代――インド植林プロジェクトを通して学ぶ』地湧社
米倉誠一郎 二〇一三『創発的破壊――未来をつくるイノベーション』ミシマ社
ユヌス、ムハマド 一九九八『ムハマド・ユヌス自伝』早川書房
ユヌス、ムハマド 二〇〇八『貧困のない世界を作る』早川書房

## 著者紹介

**西原　和久**（にしはら　かずひさ）

成城大学社会イノベーション学部心理社会学科教授・名古屋大学名誉教授。名古屋大学にて博士（社会学）学位取得。マンチェスター大学、南京大学、ハワイ大学等の研究員・客員教授を経験。専門は、社会学理論、移民研究、国際社会学。

**主要著書**（主要な単著、編著、共編著のみ）：

1991『現象学的社会学の冒険』青土社（編著）

1994『社会学的思考を読む』人間の科学社（単著）

1994『社会構造の探究―現実と理論のインターフェイス』新泉社（共編著）

1998『意味の社会学―現象学的社会学の冒険』弘文堂（単著）

1998『現象学的社会学は何を問うのか』勁草書房（共編著）

2003『自己と社会―現象学の社会理論と〈発生社会学〉』新泉社（単著）

2004『クリティークとしての社会学―現代社会を批判的に見る眼』（共編著）

2010『間主観性の社会学理論―国家を超える社会の可能性 [1]』新泉社（単著）

2010『現代人の社会学・入門―グローバル化時代の生活世界』有斐閣（共編著）

2013『増補改訂 グローバル化時代の新しい社会学』新泉社（共編著）

（本書と同時刊行および近刊）

2016『国際社会学の射程―社会学をめぐるグローバル・ダイアログ』（国際社会学ブックレット第1巻）、東信堂（共編訳）

2016『国際移動と移民政策―日韓の事例と多文化主義再考』（国際社会学ブックレット第2巻）東信堂（共編著）

2016『戦後日本社会学のリアリティ―せめぎあうパラダイム』東信堂（共編著）

2016『現代人の国際社会学・入門―トランスナショナリズムの視点』有斐閣（共編著）

**主要訳書**：『シュッツ著作集』（全4巻、マルジュ社、共訳）のほか『間主観性と公共性』『社会学キーコンセプト』『社会運動とは何か』『社会的身体』（いずれも、N. クロスリー著、新泉社、単訳ないし共訳）などがある。

■国際社会学ブックレット　3

**トランスナショナリズムと社会のイノベーション―越境する国際社会学とコスモポリタン的志向―**

2016年2月29日　　初　版第1刷発行　　〔検印省略〕

定価はカバーに表示してあります。

著者©西原和久／発行者 下田勝司　　印刷・製本／中央精版印刷

東京都文京区向丘 1-20-6　　郵便振替 00110-6-37828

〒 113-0023　TEL (03) 3818-5521　FAX (03) 3818-5514

発行所 株式会社 東信堂

Published by TOSHINDO PUBLISHING CO., LTD.

1-20-6, Mukougaoka, Bunkyo-ku, Tokyo, 113-0023, Japan

E-mail : tk203444@fsinet.or.jp　http://www.toshindo-pub.com

ISBN978-4-7989-1338-4 C3336 

# 国際社会学ブックレット

## ① 国際社会学の射程

—社会学をめぐるグローバル・ダイアログ—

西原和久・芝真里 編訳

A 5 判・横組・128 ページ　本体 1200 円

ISBN978-4-7989-1336-0 C3336　2016 年 2 月刊

## ② 国際移動と移民政策

—日韓の事例と多文化主義再考—

有田伸・山本かほり・西原和久 編

A 5 判・横組・104 ページ　本体 1000 円

ISBN978-4-7989-1337-7 C3336　2016 年 2 月刊

## ❸ トランスナショナリズムと社会のイノベーション

—越境する国際社会学とコスモポリタン的志向—

西原和久 著

A 5 判・縦組・144 ページ　本体 1300 円

ISBN978-4-7989-1338- 4 C3336　2016 年 2 月刊

以下続刊